만들면서 배우는

유니티 VR 게임 개발

지은이 김광일 4roring@naver.com

동명대학교 게임공학과에 재학 중인 대학생 개발자. 재미를 개발하는 재미있는 개발자를 목표로 하고 있다. 다양한 행사와 만남을 즐기고 개발 기록을 블로그(http://blog.naver.com/4roring)에 남기고 있다. VR/AR 창업 동아리를 설립하는 등 학내에서 VR 게임 개발을 선도해왔다. 2016년 게임창작캠프에서 기획상을, 광교 AR/VR 게임톤에서 최우수상을 수상했다.

지은이 김도윤 cheeezing_u@naver.com

경북대학교 컴퓨터학부에 재학 중인 대학생 개발자. 컴퓨터공학을 전공하기 전에는 3년간 건축을 전공했고 양쪽 전공을 모두 살리고 싶어 게임 개발에 관심을 갖게 되었다. 2016년 게임창작캠프에서 기획상을, 광교 AR/VR 게임톤에서 최우수상을 수상했다.

만들면서 배우는 유니티 VR 게임 개발

삼성 기어 VR과 HTC VIVE로 VR에 특화된 게임 제작하기

초판 1쇄 발행 2017년 11월 10일

지은이 김광일, 김도윤 / **펴낸이** 김태헌 / **베타리더** 정현철, 박정석, 윤수동, 조광민
펴낸곳 한빛미디어(주) / **주소** 서울시 서대문구 연희로2길 62 한빛미디어(주) IT출판부
전화 02-325-5544 / **팩스** 02-336-7124
등록 1999년 6월 24일 제10-1779호 / **ISBN** 979-11-6224-019-9 93000

총괄 전태호 / **책임편집** 김창수 / **기획** 이상복 / **편집** 백지선
디자인 강은영 / **조판** 백지선
영업 김형진, 김진불, 조유미 / **마케팅** 박상용, 송경석, 변지영 / **제작** 박성우, 김정우

이 책에 대한 의견이나 오탈자 및 잘못된 내용에 대한 수정 정보는 한빛미디어(주)의 홈페이지나 아래 이메일로 알려주십시오. 잘못된 책은 구입하신 서점에서 교환해드립니다. 책값은 뒤표지에 표시되어 있습니다.
한빛미디어 홈페이지 www.hanbit.co.kr / **이메일** ask@hanbit.co.kr

지금 하지 않으면 할 수 없는 일이 있습니다.
책으로 펴내고 싶은 아이디어나 원고를 메일(**writer@hanbit.co.kr**)로 보내주세요.
한빛미디어(주)는 여러분의 소중한 경험과 지식을 기다리고 있습니다.

만들면서 배우는
유니티 VR 게임 개발

지은이의 말

VR을 처음 접한 시기는 부산 벡스코 WORLD IT SHOW 2014에 참석하면서였습니다. 오큘러스 개발자용 버전 DK2와 삼성 기어 VR 초기 버전을 통해 눈앞에서 펼쳐지는 현실과 같은 가상 세계를 경험하고는 그 매력에 푹 빠졌습니다. 이후 다양한 활동을 통해 VR 개발을 시작했습니다.

오큘러스의 첫 등장은 많은 사람을 놀라게 했습니다. 가상현실이 마침내 현실로 다가올 수 있다는 점을 보여주었고, 많은 사람들이 VR의 매력에 매료되었습니다. 이후 구글 카드보드가 등장하면서 저렴하고 손쉽게 VR 체험이 가능해졌고, HTC VIVE가 등장하면서부터는 일정 공간을 자유롭게 이동하며 양손 컨트롤러를 이용해 두 손을 다양하게 사용할 수 있는 콘텐츠들이 등장하기 시작했습니다. 여기서 끝이 아니라 자동차, 열차 등 기존의 4D 영상 탑승물이 VR과 융합하여 VR 어트랙션 분야에서 다양한 서비스들이 시작되었고, 현재는 어디서든 VR 체험이 가능한 'VR방'이 새롭게 생겨나고 있습니다.

VR이 등장하고 다양한 기기들이 나오면서 쉽게 개발할 수 있도록 각 제조사가 유니티 엔진용 SDK를 배포했고, 누구나 유니티 엔진을 공부하면 쉽게 VR 콘텐츠 개발을 할 수 있는 시대가 되었습니다. 이제 VR 산업에 필요한 것은 개발자와 콘텐츠입니다. 전국의 많은 개발자, 개발을 희망하는 예비 개발자들이 이 책을 통해 좀 더 다양한 콘텐츠를 개발하기를 희망합니다.

마지막으로 책을 쓸 기회를 만들어주신 한 회사의 대표이자 대학교수이고, 언제나 많은 이들을 앞에서 이끌어주시는 최고의 멘토 이경용 대표님께 감사드립니다. 그리고 저와 소통하면서 많은 것을 알려주신 전국의 개발자 여러분, 학교에서 함께해준 선후배와 동기들, 책 집필을 제안해주신 한빛미디어 이상복 과장님, 항상 하고 싶은 일을 할 수 있도록 지원해주시는 부모님께 진심으로 감사드립니다.

저자 대표 김광일

이 책에 대하여

필자들의 개발 경력이 긴 편은 아니므로, 이 책에 수록된 코드가 항상 좋은 코드라고 장담할 수는 없습니다. 유니티 엔진을 학습한 경험이 없어도 따라 해볼 수 있는 책이므로 일단 따라 하면서 VR 게임 개발 과정이 어떤 것인지에 대해 감을 잡기에는 적합할 것입니다. 자신의 손으로한 단계씩 살을 붙이면서 게임을 완성해가는 기쁨을 얻을 수 있으면 좋겠습니다.

이 책은 유니티 입문서라기보다 직접 따라 해보고 만들면서 배우는 데 초점을 맞췄습니다. 그래서 어떤 기능들은 설명이 부족하거나 너무 간단할 수도 있습니다. 유니티 엔진 학습을 목적으로 한다면 유니티 입문서를 먼저 한 권 읽어보는 게 더 좋을 수도 있습니다. 또는 이 책을 한번 따라 해본 후 유니티 입문서를 정독한다면 그때 사용한 것이 이런 기능이었구나 하고 깨달으면서 학습할 수도 있을 것입니다.

책의 구성

1장에서는 게임 개발과 관련된 VR에 대해 간단히 소개합니다. 이 책에서 다루는 VR 기기들을살펴보고 실습에 사용할 유니티 엔진에 대해서도 간단히 소개한 다음 설치 방법도 살펴봅니다.

2장에서는 구글 카드보드용 개발 환경을 구성하고, 캐릭터에 시선을 맞추면 특정 상호작용이발생하는 간단한 캐주얼 게임을 만들어봅니다.

3장에서는 삼성 기어 VR 개발 환경을 구성하고, 전투기에 타고 우주 공간에서 적들을 물리치는 슈팅 게임과 기어 VR에서 기본으로 제공되는 터치패드 조작을 이용한 러닝 게임을 만들어봅니다. 사용 SDK에 따라 카드보드용으로도 이용할 수 있기 때문에 기어 VR이 없는 분들은카드보드용으로 따라 만들어도 좋습니다.

4장에서는 HTC VIVE 개발 환경을 구성하고, 다가오는 적을 쏘는 건 슈팅 게임과 VIVE의 룸스케일 기능을 활용하여 방 탈출 어드벤처 게임을 만들어봅니다.

모든 게임은 무료 에셋으로 구성하여 만들 것이고 책에서 소개하면서 진행할 것입니다. 에셋은유니티 에셋 스토어에서 다운로드하거나 프로젝트별로 정리한 예제 소스와 함께 한빛미디어사이트에서 다운로드할 수도 있습니다.

코드 및 예제 파일

```
public GameObject Bullet;
public GameObject Bullet;
public GameObject Bullet;
```

이 책의 코드에서 배경색이 없는 것은 템플릿 등 기존에 작성되어 있는 코드이고, 노란색은 독자가 새로 입력해야 하는 코드이며, 빨간색은 기존 코드에서 삭제할 코드입니다.

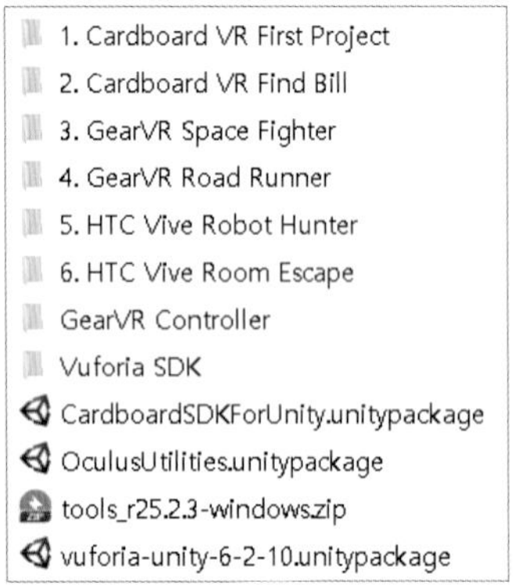

```
📄 1. Cardboard VR First Project
📄 2. Cardboard VR Find Bill
📄 3. GearVR Space Fighter
📄 4. GearVR Road Runner
📄 5. HTC Vive Robot Hunter
📄 6. HTC Vive Room Escape
📄 GearVR Controller
📄 Vuforia SDK
📦 CardboardSDKForUnity.unitypackage
📦 OculusUtilities.unitypackage
📦 tools_r25.2.3-windows.zip
📦 vuforia-unity-6-2-10.unitypackage
```

예제 파일 구조

한빛미디어 사이트에서 예제를 다운받으면 위 그림과 같이 폴더가 정리되어 있습니다. 이 책에서 사용할 각 프로젝트 폴더와 SDK 파일입니다.

URL http://www.hanbit.co.kr/src/10019

부록을 제외한 각 프로젝트 폴더는 다시 Start 폴더와 End 폴더로 이루어져 있습니다. Start 폴더는 에셋 설치가 완료되어 있는 상태의 프로젝트이고, End 폴더는 전체 작성이 완료된 상태입니다. 에셋 설치 단계를 생략하고 실습을 시작할 때 Start 폴더를 사용하면 됩니다. 부록은 완성된 프로젝트만 제공합니다.

CONTENTS

CONTENTS

CHAPTER 3 삼성 기어 VR 게임 개발

CHAPTER 4 HTC VIVE 게임 개발

CONTENTS

CHAPTER 1

VR 소개와 유니티 엔진

1장에서는 전반적인 VR 소개와 이 책에서 사용하는 VR 기기에 대한 소개를 하고
유니티 엔진을 이용한 가장 기본적인 개발 환경을 설정해보겠습니다.

가상현실 롤러코스터
(이미지 출처 : https://www.sixflags.com/magicmountain/attractions/vr/experience)

1.1 VR이란?

VR이란 가상현실Virtual Reality이라 부르고, 컴퓨터 등을 사용하여 인공적으로 만들어낸 실제와 유사한 특정 환경이나 상황 혹은 그 기술 자체를 의미합니다. 이때 만들어진 가상의 환경이나 상황들은 사용자의 오감을 자극하여 실제와 유사한 체험을 하게 만들어서 현실과 가상의 경계를 자유롭게 드나들게 합니다.

시중의 게임 중에서는 이미 가상 속의 현실이라 부를 만큼 자유도가 높은 게임이 많이 존재합니다. 게임의 화면이 눈앞에 펼쳐지고 게임 속 상황을 모두 오감으로 느낄 수 있다면 그것이 곧 가상현실입니다.

시대가 발전함에 따라 가상현실은 많은 발전을 거듭하여 우리에게 점점 가깝게 다가왔으며, 현재는 HMDhead-mounted display를 착용하여 가상의 공간을 눈으로 체험할 수 있는 단계까지 왔습니다. 그리고 다양한 주변기기가 등장함에 따라 오감을 체험할 수 있는 콘텐츠도 나오고 있습니다. 2017년을 'VR 대중화의 원년'이라고도 하는데 그 대중화를 이끌기 위해 다양한 콘텐츠를 개발하는 것이 우리 개발자들이 해야 할 일일 것입니다.

Sony PlayStation VR과 독점작 〈서머 레슨〉
(이미지 출처 : http://www.playstation.co.kr/psvr, https://store.playstation.com/)

1.1.1 VR의 원리

VR 개발을 시작하기 전에 간단하게 원리를 알아보겠습니다. VR 기기를 쓰면 일반 모니터에서 볼 때보다 영상을 훨씬 현실감 있게 볼 수 있습니다. 이 원리는 뇌에서 3D 영상을 처리하는 과정을 보면 알 수 있습니다.

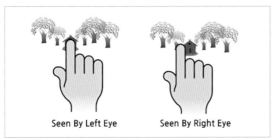

양안 시차
(이미지 출처: http://terms.naver.com/entry.nhn?docId=3580763)

사람의 눈은 두 개이고 이 양쪽 눈은 떨어져 있기 때문에 왼쪽 눈과 오른쪽 눈의 시야가 조금 다릅니다. 위 그림처럼 왼쪽 눈에 맞춰 손가락으로 사물을 가리켜도 오른쪽 눈에서는 비껴 보입니다. 눈과 눈 사이에 손가락을 두고 보면, 왼쪽 눈으로만 본 손가락의 모습과 오른쪽 눈으로만 본 손가락의 모습이 다르게 보입니다. 뇌에서는 두 눈에 맺힌 상을 처리하여 현실감 있는 입체 영상으로 인식합니다. 뇌는 양쪽 눈의 시차를 이용해 입체 영상을 구현하는데, 이를 이용하여 VR 기기는 만들어졌습니다.

구글 어스 VR

(이미지 출처 : http://forum.outerspace.com.br/index.php?threads/bomba-%C3%93culos-rift-de-pobre-do-google.386108/)

구글 어스 VR과 같이 기기에서 왼쪽 눈과 오른쪽 눈에 비추는 영상은 우리 눈에서 보는 것과 조금 다릅니다. 뇌는 이 영상을 입체라고 인식하고 하나의 3D 입체 영상으로 보이게 합니다.

3D 입체 영상에 좀 더 현실감을 주기 위해서는 사람이 360도로 돌아볼 수 있어야 합니다. 모바일 VR에서는 스마트폰의 자이로 센서gyro sensor로 물체의 기울어지는 속도를 측정하여 위치와 방향을 설정합니다. 그리고 이를 이용해 고개가 기울어지거나 좌우로 돌리는 것을 인지하여 눈앞의 영상에 반영합니다.

1.1.2 과거의 VR 게임기

닌텐도 버추얼 보이

(이미지 출처 : https://en.wikipedia.org/wiki/Virtual_Boy)

닌텐도 버추얼 보이 게임 화면
(이미지 출처 : https://www.techspot.com/article/1085-nintendo-virtual-boy/)

1995년 닌텐도에서는 버추얼 보이Virtual Boy라는 최초의 VR 게임 기기를 발매합니다. 머리에 쓰는 형식이고 영상 부분이 양쪽 눈에 나누어져 있는 것이 앞에서 설명한 VR 기기와 흡사합니다. 화면은 붉은 색상만 표현할 수 있었고 건전지로 구동되기에 휴대도 가능했지만 헤드 스트랩이 없어 실질적으로 휴대 사용이 어려웠습니다.

버추얼 보이는 앞에서 소개한 양안 시차 개념을 도입했지만 3D 초점이 잘 맞지 않고 화면도 붉어 눈의 피로가 심했습니다. 결국 소비자가 외면하여 시장에서 철수했습니다.

1.1.3 VR 앱과 게임

구글 카드보드 앱
(이미지 출처 : https://play.google.com/store/apps/details?id=com.google.samples.apps.
cardboarddemo)

구글 카드보드를 구매하면 QR 코드가 포함되어 있습니다. 그 QR 코드를 인식하거나 구글 플레이 스토어에서 Cardboard 앱을 다운받으면 구글에서 제공하는 간단한 VR 데모 콘텐츠를 즐길 수 있습니다.

오큘러스 번들 게임 〈럭키스 테일〉

(이미지 출처 : https://www.oculus.com/experiences/rift/909129545868758/)

〈럭키스 테일〉은 오큘러스 DK2 또는 리프트를 PC에 설치하고 Oculus Home을 설치하면 무료로 즐길 수 있는 게임입니다. VR 게임인데 3인칭 시점이라는 점이 조금 낯설 수도 있지만 직접 VR 기기를 쓰고 플레이하면 마치 어린 시절 장난감을 직접 가지고 놀던 느낌을 받을 수 있습니다. 미니어처 세상에서 직접 주인공을 조작하여 모험을 떠나는 것이 VR 3인칭 게임의 매력입니다.

HTC VIVE 번들 게임 〈THE LAB〉

(이미지 출처 : http://store.steampowered.com/app/450390/The_Lab/)

〈THE LAB〉은 HTC VIVE를 구매하게 되면 가장 먼저 접할 수 있는 Valve 사에서 제공하는 무료 게임입니다. 룸 스케일 기능과 양손 컨트롤러를 활용하여 〈THE LAB〉에 내장된 다양한 어트렉션과 활 쏘기, 슈팅 등의 게임을 즐길 수 있습니다.

1.2 VR 기기 소개

이 책에서 사용하는 VR 기기 위주로 간단히 소개하겠습니다.

1.2.1 구글 카드보드

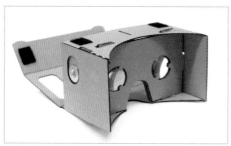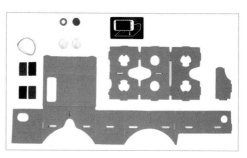

구글 카드보드와 도면
(이미지 출처 : https://www.ponoko.com/blog/how-to-make/ponoko-google-cardboard/
http://www.androidtip.cz/navod-google-cardboard-jak-si-postavit-virtualni-realitu-za-hubicku/)

구글 카드보드는 2014년 구글 I/O 콘퍼런스에서 발표된 DIY VR 헤드셋입니다. 그림에서 보듯 몸체가 골판지란 점과 평균 5천 원 미만의 저렴한 가격이 가장 큰 특징입니다. 상자 앞에 VR 앱을 실행한 스마트폰을 장착하고 상자 안에 2개의 어안렌즈를 통해 2개로 나누어진 화면을 바라보면 입체적으로 보입니다. 제품별로 위치는 다르지만 지자기 센서$^{geomagnetic\ sensor}$의 변화를 이용한 자석 버튼으로 조작할 수 있습니다. 처음 VR을 접한다면 구글의 카드보드가 가장 입문하기 쉬운 제품입니다.

이후 구글은 '데이드림'이라는 전용 컨트롤러가 포함된 스마트폰용 VR 플랫폼과 헤드셋을 출시하기도 했으나, 구글 레퍼런스 스마트폰인 픽셀 외에 사용 가능한 기기의 수가 적기 때문에 여기서는 다루지 않겠습니다.

1.2.2 삼성 기어 VR

삼성 기어 VR (이미지 출처 : http://www.samsung.com/sec/wearables/gear-vr-new-r323/)

삼성 기어 VR은 삼성전자가 오큘러스 VR과 협력하여 개발했고 삼성에서 출시한 하이엔드 스마트폰 전용 VR 헤드셋으로 10만 원대 가격으로 구매가 가능합니다. 지원하는 기기가 한정되어 있는 만큼 스마트폰을 앞에 두고 사용하는 VR 헤드셋보다 뛰어난 체감을 자랑합니다. 헤드셋의 왼쪽에는 전용 터치 패널과 조작 버튼도 있어서 별도의 컨트롤러 없이도 다양한 콘텐츠를 플레이할 수 있습니다.

1.2.3 HTC VIVE

HTC VIVE (이미지 출처 : https://www.vive.com/eu/product/)

HTC VIVE는 Steam으로 유명한 밸브 코퍼레이션과 HTC의 협력으로 개발된 VR 헤드셋으로 하이엔드 VR 기기입니다. VR 헤드셋 전면의 적외선 센서와 두 개의 베이스 스테이션이라 불리는 센서가 플레이어의 위치를 추적합니다. 설정한 크기만큼의 공간을 플레이어가 마음대로 걸어 다닐 수 있고, 양손에 쥐는 전용 컨트롤러를 통해 가상현실 속에서 다양한 상호작용을 할 수 있어 다른 VR 기기보다 현실감이 뛰어납니다. 국내에도 정식 출시되었으나 125만 원이라는 비싼 가격과 고성능 PC를 요구하기 때문에 개인이 쉽게 소유할 수 없다는 단점이 있습니다.

1.2.4 그 외 다양한 VR 기기

앞에서 설명한 기기 외에도 오큘러스 VR의 오큘러스 리프트와 전용 컨트롤러인 오큘러스 터치, 중국의 폭풍마경4, 소니 플레이스테이션 VR 등 다양한 VR 기기들이 있습니다.

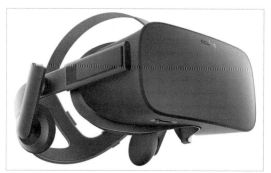

오큘러스 리프트, 폭풍마경4, 소니 플레이스테이션 VR
(이미지 출처 : https://www.vrinsite.com/virtual-reality-headset/,
http://www.mojing.cn/product_1000023.html)

1.3 유니티 엔진 소개 및 설치

이 책에서는 VR 개발을 위한 환경으로 유니티 엔진을 채택했습니다. 그 이유는 다양한 VR 기기 제조사가 유니티 엔진에서 바로 사용할 수 있는 SDK를 제공하므로 다양한 플랫폼에 손쉽게 대응할 수 있기 때문입니다. 먼저 유니티에 대해 간단히 소개를 하고 설치를 해보겠습니다.

1.3.1 유니티 엔진 소개

유니티 엔진 로고

유니티 엔진의 모토는 '게임 개발의 민주화'이고 누구나 쉽게 게임을 개발할 수 있는 환경을 제공합니다. 유니티는 개인부터 대형 게임사까지 많은 개발자들이 사용하고 있기 때문에 개발 관련 정보가 매우 풍부합니다.

유니티 에셋 스토어를 이용하면 무료부터 유료까지 직접 제작하지 않아도 게임에서 사용할 다양한 리소스와 제작된 기능을 손쉽게 구할 수 있습니다.

많은 기능을 제공하면서도 연 매출 10만 달러 미만의 개인이나 사업체에게는 Personal 라이선스가 무료로 제공됩니다. 라이선스의 종류에는 Personal, Plus, Pro, Enterprise가 있으나 개발 및 학습에 기능적 차이가 거의 없기 때문에 이 책에서는 Personal 라이선스를 사용하겠습니다.

참고로 유니티 엔진은 한글판이 없습니다. 영문판이 크게 어렵지 않으므로 개발에는 아무 문제도 없습니다.

1.3.2 유니티 엔진 설치

유니티 홈페이지에 접속하여 설치 파일을 다운로드합니다.

URL https://unity3d.com/kr/

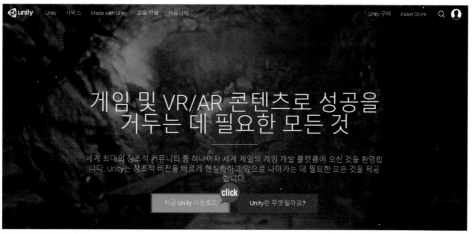

유니티 공식 홈페이지

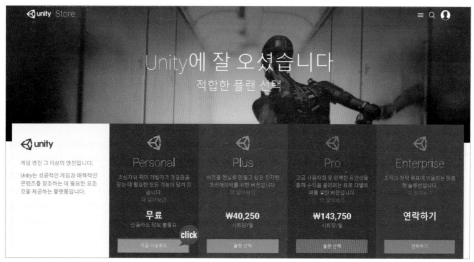

유니티 라이선스

유니티 엔진 다운로드

설치 프로그램을 다운로드 후 실행합니다. 설치는 다음 순서대로 대부분 [Next]만 클릭하면 됩니다.

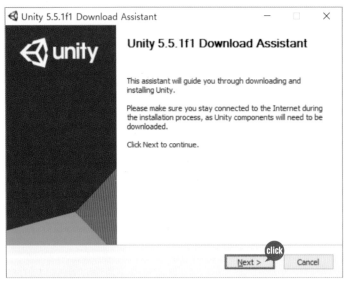

설치 프로그램 시작 화면

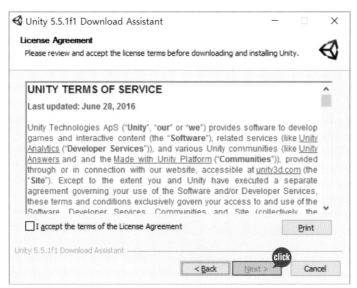

사용자 약관 동의 화면

약관에 동의한다는 데 체크하고 [Next]를 눌러 설치를 진행합니다.

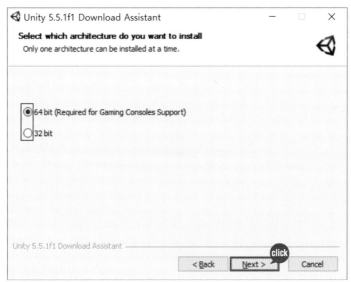

운영체제 선택 화면

사용하는 운영체제에 맞게 64 bit 또는 32 bit를 선택하고 [Next]를 클릭하면 됩니다.

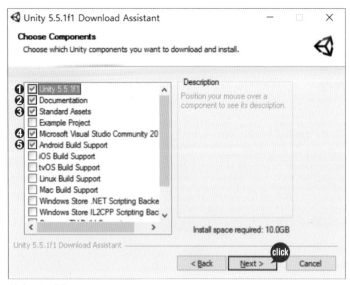

설치 요소 선택

이 책에서 사용할 항목에 대해서 간단하게 설명하겠습니다. 필수 요소 외의 항목들은 선택적으로 설치하면 됩니다. 다음 항목들에 체크하고 [Next]를 누릅니다.

❶ **Unity 5.5.1f1**: 유니티 엔진 프로그램입니다. 설치는 필수입니다.

❷ **Documentation**: 유니티 스크립트 API 문서입니다.

❸ **Standard Assets**: 유니티 엔진에서 기본적으로 만들어진 에셋을 제공합니다.

❹ **Microsoft Visual Studio Community 2015**: 마이크로소프트에서 제공하는 유니티용 코드 편집 프로그램입니다. 설치하지 않아도 MonoDeveloper라는 코드 편집기가 제공되나 이 책에서는 본 프로그램을 사용할 예정입니다.

❺ **Android Build Support**: 유니티에서 안드로이드 빌드를 해주는 프로그램입니다. 이 책에서 모바일 VR은 모두 안드로이드로 빌드할 예정이기 때문에 설치는 필수입니다.

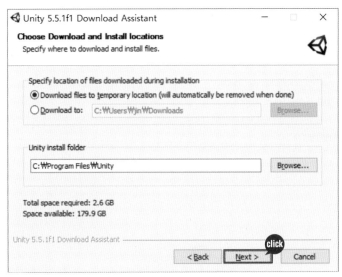

설치 경로 등 지정

임시 다운로드 폴더의 위치와 유니티 설치 경로를 지정합니다.

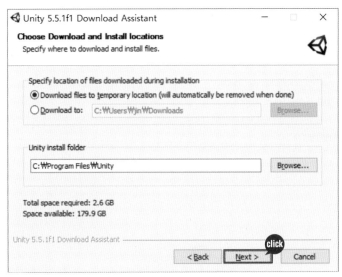

다운로드 및 설치 화면

설치 파일이 알아서 필요한 파일을 다운로드하고 설치가 이루어십니다. 설치가 완료되면
[Next]를 누릅니다.

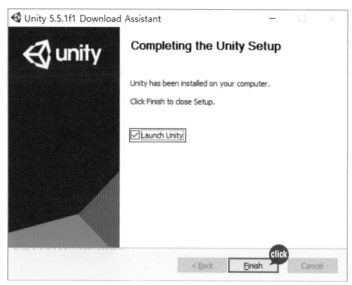

유니티 엔진 설치 완료 화면

설치를 완료했으면 **Launch Unity**에 체크하고 [Finish]를 눌러 유니티를 바로 실행합니다.

처음 실행 시 로그인 화면

처음 실행하면 로그인을 요구합니다. 아직 회원이 아니라면 가입합니다. **create one**을 누릅니다.

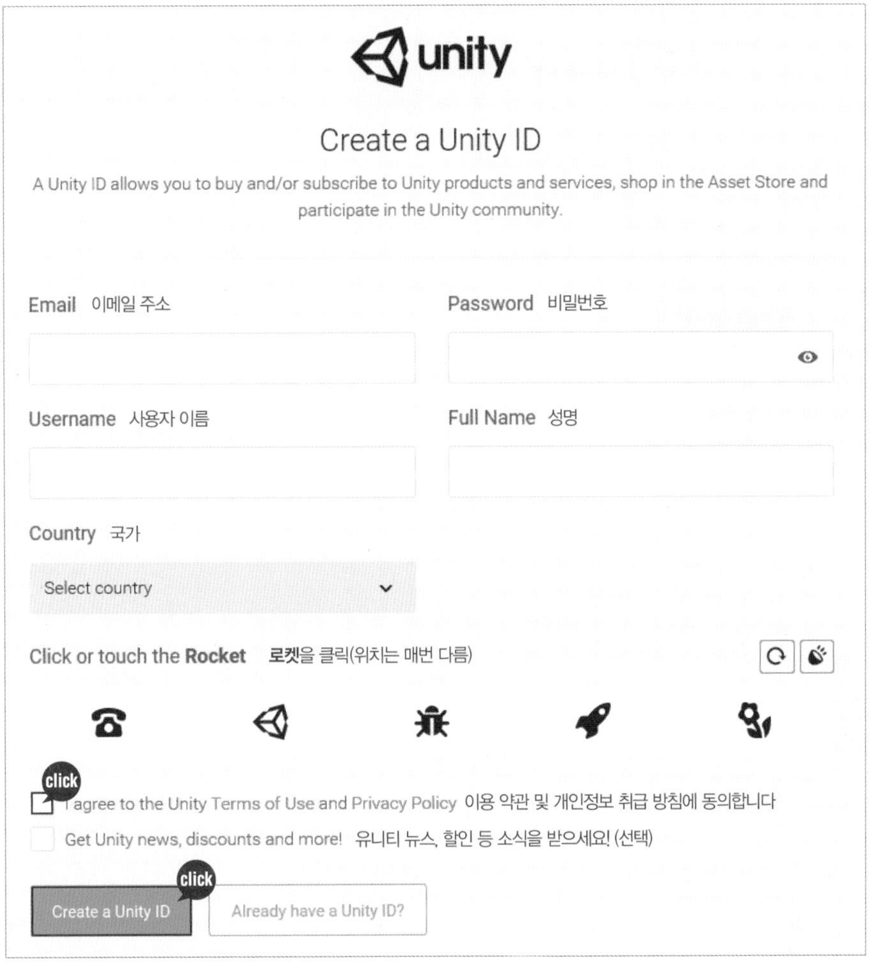

회원가입 화면

위 그림과 같이 회원가입에 필요한 정보를 입력합니다. 비밀번호는 최소 8자 이상, 1개 이상의 대문자, 소문자, 숫자를 요구합니다. 빈 칸에 요구하는 사항을 모두 입력하고 마지막에 **[Create a Unity ID]**를 클릭하면 됩니다.

회원가입 완료 화면(인증 필요)

가입을 완료하면 메일로 가입 확인 인증 메일이 전송됩니다.

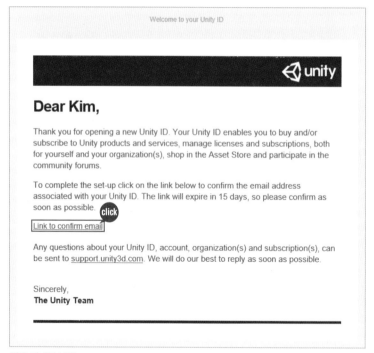

인증 이메일 본문

가입한 이메일로 가서 메일을 확인 후 **Link to confirm email**을 클릭하면 가입이 완료됩니다.

회원가입 완료 화면

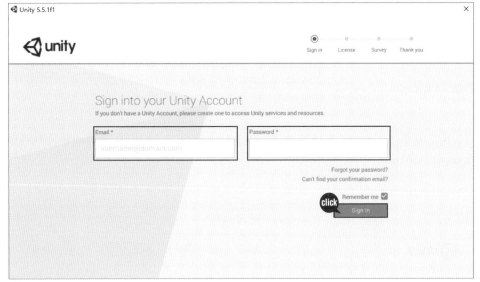

유니티 로그인 화면

다시 로그인 화면으로 돌아와서 가입에 사용한 이메일과 비밀번호를 입력한 후 [Sign In]을 클릭합니다.

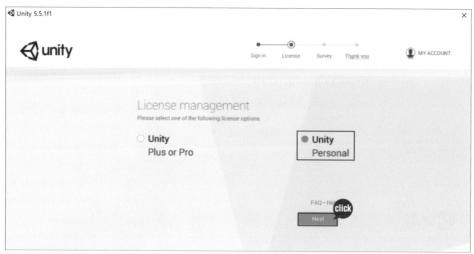

사용할 라이선스 선택

유니티를 무료로 사용하려면 개인 버전을 사용해야 합니다. **Unity Personal**을 선택하고 **[Next]**를 누릅니다.

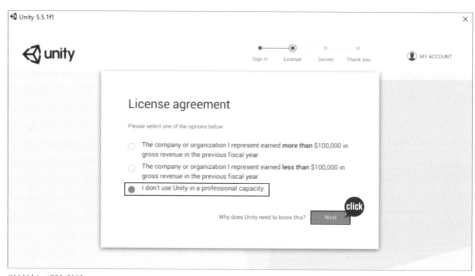

라이선스 계약 화면

그림과 같이 무료 라이선스를 선택 후 **[Next]**를 클릭합니다.

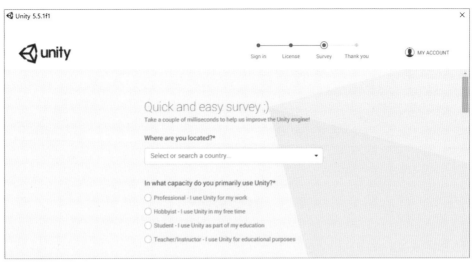

가입 설문조사

마지막으로 설문에 간단하게 답변하고 다음 단계로 넘어갑니다.

인증 완료 화면

유니티 엔진 설치를 완료했습니다. [Start Using Unity]를 클릭합니다.

인증 완료 후 첫 실행 화면

이제 새 프로젝트를 생성해보겠습니다. [**New project**]를 클릭합니다.

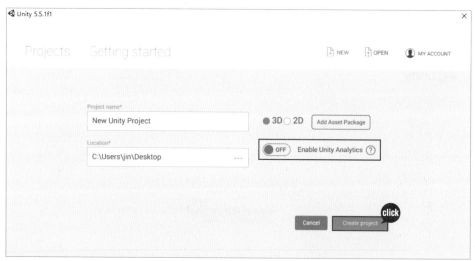

프로젝트 생성

원하는 경로에 프로젝트를 생성합니다. 이때 Enable Unity Analytics 기능은 사용하지 않기 때문에 **OFF**로 선택합니다. 프로젝트 이름을 Cardboard VR First Project로 하고 경로는 바탕화면에 저장하겠습니다. 다 입력했으면 [**Create project**]를 누릅니다.

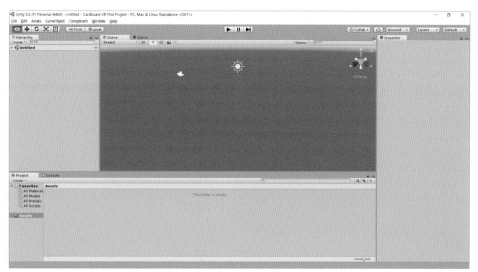

프로젝트 생성 후 유니티 엔진

최초의 프로젝트를 생성한 화면입니다. 아무것도 없는 화면이 나오고, 유니티를 처음 사용한다면 낯설게 느껴질 수도 있습니다. 이 책에서는 VR 게임에 초점을 뒀으므로 유니티 사용법 자체에 대해서는 자세히 설명하지 않습니다.

다음은 엔진의 구성을 간단하게 살펴보겠습니다.

1.3.3 유니티 엔진 구성

먼저 유니티의 레이아웃을 변경해보겠습니다.

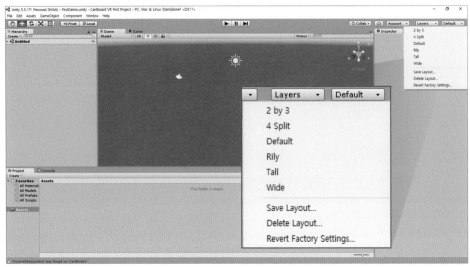

레이아웃 변경 창

기본적인 레이아웃은 여섯 가지가 있습니다. 이 책에서는 **2 by 3**을 기준으로 진행하겠습니다.

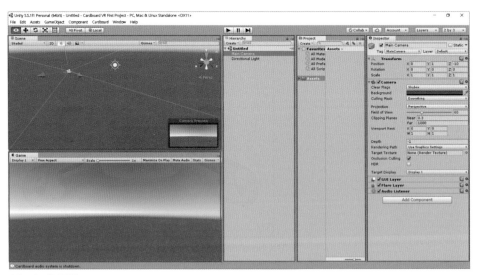

2 by 3 레이아웃

화면이 2 by 3 레이아웃으로 변경된 상태입니다.

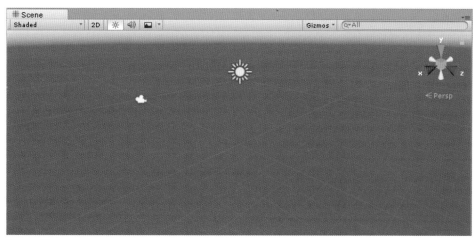

Scene 뷰

씬^{Scene} 뷰에서는 게임의 x, y, z축으로 이루어진 3차원 공간에 표시할 다양한 물체들을 직접 조작하고 편집할 수 있습니다.

Scene 뷰의 화면을 이동, 회전하는 방법을 몇 가지 살펴보면 다음과 같습니다.

입력	기능
마우스 왼쪽 버튼 누르고 드래그	화면 회전
마우스 휠 버튼 누르고 드래그	화면 이동
마우스 왼쪽 버튼 누른 상태 + W, A, S ,D	화면 정면, 후면, 좌, 우 이동

앞으로 Scene 뷰에서 많은 작업을 해볼 것입니다.

File	Edit	Assets	GameObject	Compor
New Scene			Ctrl+N	
Open Scene			Ctrl+O	
Save Scenes			Ctrl+S	
Save Scene as...			Ctrl+Shift+S	
New Project...				
Open Project...				
Save Project				
Build Settings...			Ctrl+Shift+B	
Build & Run			Ctrl+B	
Exit				

파일 메뉴

Scene은 게임의 전체 맵 중 하나의 맵이라 생각하면 됩니다. 물론 개발하는 게임에 따라 달라
집니다. Scene을 한번 저장해보겠습니다. [Ctrl] + [S] 를 누르거나, **File 〉 Save Scenes**로 들
어가 현재의 Scene을 저장합니다. 여기서는 FirstScene이라는 이름으로 저장했습니다.

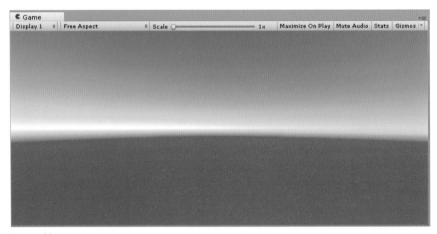

Game 뷰

게임^{Game} 뷰에서는 실제로 게임 속 가상의 카메라가 비추고 있는 게임 플레이 화면을 보여줍니
다. 게임 화면을 매번 보여주는 것을 **렌더링**^{rendering}이라 부릅니다. VR 환경에서는 두 개의 화면
을 보여주기 때문에 렌더링을 두 번 하게 됩니다.

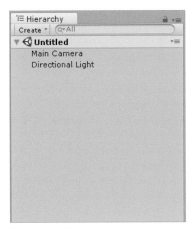

Hierarchy 뷰

계층구조를 확인하고 편집할 수 있는 **계층**Hierarchy 뷰(유니티 매뉴얼에서는 계층, 프로젝트, 인스펙터는 '뷰'가 아니라 '창'이라고 부르지만 이 책에서는 '뷰'로 통일하겠습니다)는 현재 Scene 뷰에 존재하는 모든 **오브젝트**object들을 보여줍니다. 현재 창에 존재하는 Main Camera, Directional Light는 각각 오브젝트라고 합니다.

Project 뷰

프로젝트Project 뷰는 현재 프로젝트에서 사용되는 모든 오브젝트와 텍스처, 음악 데이터, 스크립트 등 게임을 구성하는 모든 요소인 **에셋**asset들을 보여줍니다. 지금은 아무것도 없지만 나중에 하나하나 추가될 것입니다.

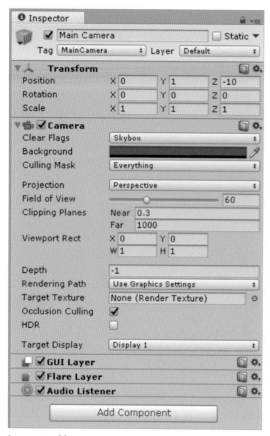

Inspector 뷰

인스펙터Inspector 뷰는 선택 중인 에셋이나 오브젝트의 상태를 보여줍니다. 현재 보고 있는 화면이유니티의 기본적인 **메인 카메라**Main Camera임을 알 수 있습니다. 그리고 이 오브젝트가 가지고 있는 Transform, Camera, GUI Layer를 각각 **컴포넌트**component라고 부릅니다. 에셋이나 오브젝트가 기계의 껍질이라고 한다면 컴포넌트는 그 기계를 작동하게 해주는 부속품 같은 개념으로 생각하면 됩니다.

1.4 마치며

- VR이 무엇이며 어떤 기기들이 있는지 간단히 알아보았습니다.

- VR 개발에 유니티 엔진을 사용하는 이유와 장점들을 알아보고 설치와 회원가입 과정까지 진행했습니다.

- 유니티 엔진의 UI 각 화면들이 어떤 역할을 하는지 살펴보았습니다.

- 유니티 엔진에서 에셋, 오브젝트, 컴포넌트 등에 관하여 살펴보았습니다.

CHAPTER 2

구글 카드보드 VR 게임 개발

이제 유니티 엔진을 이용하여 본격적으로 VR 개발을 시작해보겠습니다. 카드보드를 이용한 개발은 사용할 수 있는 컨트롤러의 범위가 제한되어 있습니다. 다시 말해 컨트롤러의 수가 적기 때문에 처음 입문할 때에 실습하기 좋은 매체입니다. 이번 장부터 본격적으로 실제 예제 게임을 만들어보겠습니다.

2.1 스마트폰 빌드를 위한 JDK, 안드로이드 SDK 설치

카드보드 실습은 스마트폰용으로 VR 게임을 빌드하여 실행하고 테스트해볼 것입니다. 이를 위해서는 유니티에서 안드로이드 스마트폰으로 빌드해야 하며, 이때 **JDK**^{Java Development Kit}와 **안드로이드 SDK**가 필요합니다.

2.1.1 JDK 설치

JDK 설치 페이지로 가서 설치 프로그램을 다운로드합니다. 이 책에서는 8 버전을 사용하겠습니다.

> **URL** http://www.oracle.com/technetwork/java/javase/downloads/jdk8-downloads-2133151.html

JDK 다운로드 페이지

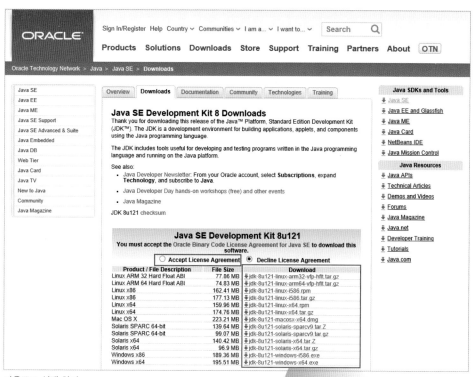

다운로드 선택 화면

Accept License Agreement에 체크 후
운영체제에 맞는 것으로 선택하여
다음과 같이 진행합니다.

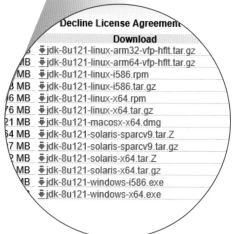

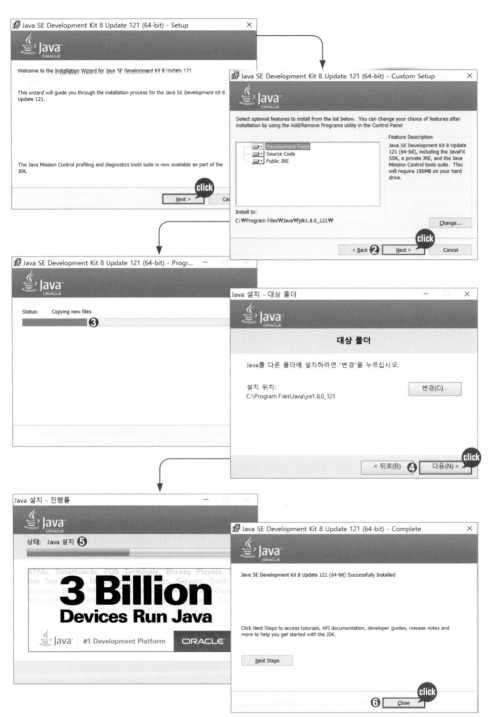

JDK 설치 과정

2.1.2 안드로이드 SDK 설치

안드로이드 스튜디오 홈페이지로 가서 스크롤을 맨 아래로 내려서 기본 Android 명령줄 도구를 다운로드할 수 있습니다.

URL https://developer.android.com/studio/index.html

안드로이드 SDK 다운로드 페이지

SDK 도구 패키지에서 운영체제에 맞는 버전으로 다운로드합니다.

이름	수정한 날짜	유형	크기
ant	2017-02-22 오...	파일 폴더	
apps	2017-02-22 오...	파일 폴더	
bin	2017-02-22 오...	파일 폴더	
lib	2017-02-22 오...	파일 폴더	
lib64	2017-02-22 오...	파일 폴더	
proguard	2017-02-22 오...	파일 폴더	
qemu	2017-02-22 오...	파일 폴더	
support	2017-02-22 오...	파일 폴더	
templates	2017-02-22 오...	파일 폴더	
android	2016-11-11 오...	Windows 배치 ...	4KB
ddms	2016-11-11 오...	Windows 배치 ...	3KB
draw9patch	2016-11-11 오...	Windows 배치 ...	2KB
emulator	2016-11-11 오...	응용 프로그램	743KB
emulator64-crash-service	2016-11-11 오...	응용 프로그램	7,000KB
emulator-arm	2016-11-11 오...	응용 프로그램	9,261KB
emulator-check	2016-11-11 오...	응용 프로그램	582KB
emulator-crash-service	2016-11-11 노...	응용 프로그램	6,070KB
emulator-mips	2016-11-11 오...	응용 프로그램	9,354KB
emulator-x86	2016-11-11 오...	응용 프로그램	9,472KB

안드로이드 SDK 폴더

설치 완료 후 한글이 존재하지 않는 경로에 압축을 풉니다. 여기서는 C:\AndroidSDK에 압축을 풀겠습니다. 이제 이 경로가 안드로이드 SDK의 경로가 됩니다. tools 폴더에서 **android.bat** 파일을 실행합니다.

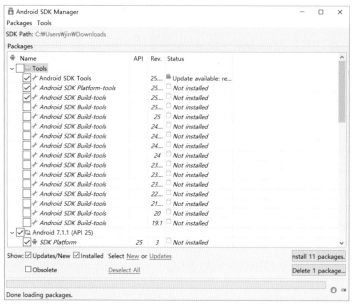

Android SDK Manager

위와 같은 프로그램이 실행됩니다.

설치할 SDK 설정

여기서 Android 7.1.1 체크를 해제 후 사용할 버전의 SDK Platform을 모두 체크 후 **Install packages**를 클릭합니다. 이 책에서는 VR 개발을 할 예정이기 때문에 4.0 버전 이상은 모두 설치하겠습니다.

SDK Install

약관 동의에 체크하고 [**Install**]을 클릭하면 설치가 시작됩니다.

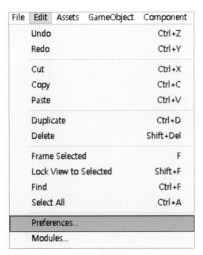

Unity Preferences 창 열기

설치가 완료된 후 유니티 엔진을 실행합니다. 그리고 위쪽 메뉴에서 **Edit > Preferences**를 클릭합니다.

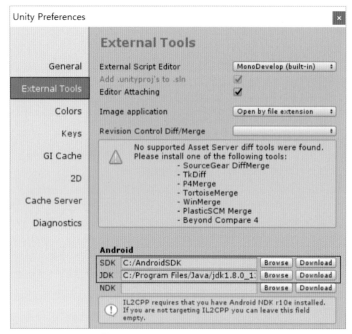

Unity Preferences 창

External Tools 창을 클릭하고, Android 항목의 SDK에서 [Browse]를 눌러 안드로이드 SDK가 설치된 경로를 지정합니다. 이어 JDK에서 [Browse]를 클릭하여 JDK가 설치된 경로를 지정합니다(기본 경로 `C:\Program Files\Java\jdk1.8.0_121`).

이제 스마트폰에 빌드하기 위한 준비는 완료되었습니다.

2.2 카드보드 VR SDK 개발 환경 구축

먼저 Google VR 홈페이지에서 최신 SDK를 다운받을 수 있으나 0.9.0 버전부터 자석 버튼의 지원을 중단했기 때문에 카드보드 개발이 안정적인 0.6 버전을 이용하겠습니다. 다운로드는 예제 파일 또는 Google VR Github에 방문하여 **gvr-unity-sdk**를 선택하고 상단의 **releases**를 클릭한 후 0.6 버전을 찾아 다운받으면 됩니다. 직접 받을 수 있는 주소는 다음과 같습니다.

URL https://github.com/googlevr/gvr-unity-sdk/archive/v0.6.zip

카드보드 SDK 유니티 패키지 파일

다운로드한 압축파일 안에 CardboardSDKForUnity.unitypackage라는 이름의 유니티 패키지 파일이 있습니다. 이것만 압축을 풀어주면 됩니다. 이제 유니티를 실행 후 앞에서 생성한 프로젝트를 열어줍니다.

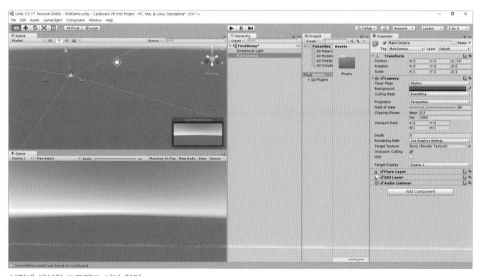

이전에 생성한 프로젝트 기본 화면

그다음 카드보드 SDK 유니티 패키지 파일을 실행합니다.

카드보드 SDK 패키지 구성

실행 후 [Import]를 클릭합니다.

API Update 창

임포트가 완료된 후 API를 업데이트하라는 문구가 나옵니다. [I Made a Backup. Go Ahead!]
를 클릭합니다. 클릭하지 않으면 스크립트 에러가 발생하니 반드시 클릭해야 합니다.

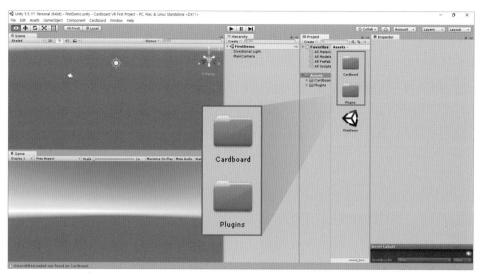

카드보드 SDK가 추가된 프로젝트 화면

그럼 위의 화면처럼 폴더가 두 개 추가될 것입니다.

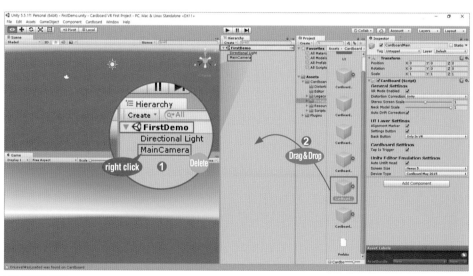

VR 카메라 등록

❶ Hierarchy 뷰의 **FirstDemo**를 클릭하고 **MainCamera**를 우클릭 후 **Delete**를 클릭하여
　지우거나 키보드의 Delete 키를 클릭하여 지워줍니다.

❷ Cardboard 〉 Prefabs 폴더의 CardboardMain 파일을 Hierarchy 뷰에 끌어다 놓습니다.

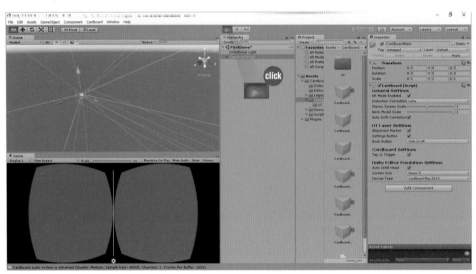

카드보드 VR 개발 환경 완성

이제 가운데 위쪽의 재생(▶) 버튼을 클릭합니다. 그럼 위의 화면처럼 둘로 나뉜 화면의 재생된 게임 화면이 나타날 것입니다. 이것으로 카드보드 VR 개발 환경 세팅이 완료되었습니다.

이렇게 하는 이유는 유니티의 기본 카메라를 제거하고, 카드보드 SDK에서 제공하는 VR 카메라를 게임에서 사용하기 위해서입니다.

2.3 큐브를 없애는 간단한 게임

이번에는 유니티 엔진을 조금씩 배우면서 간단하게 화면상에 큐브를 계속 없애는 VR 게임을 만들어보겠습니다.

2.3.1 Scene 디자인

1장에서는 유니티 UI를 알아보면서 Scene 뷰에 대해 알아보았습니다. 이번에는 간단하게 바닥과 큐브를 배치해보겠습니다.

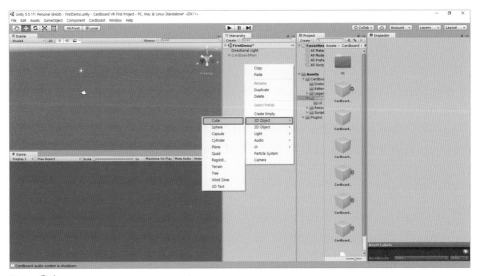

Cube 추가

먼저 Hierarchy 뷰에 우클릭 후 **3D Object 〉 Cube**를 클릭합니다. 그럼 큐브가 만들어집니다. 여기서 조금 더 조작 방법을 설명하겠습니다.

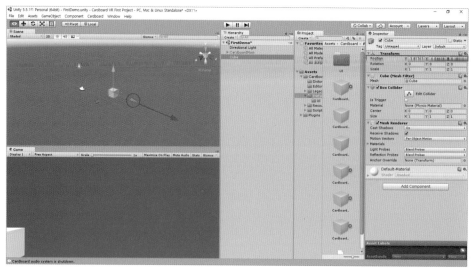

Cube 조작 – 1

기본적으로 오브젝트의 x, y, z의 Transform 컴포넌트의 Position 값을 마우스로 직접 조작할 수 있습니다. x축은 빨강, y축은 초록, z축은 파란색입니다.

가장 먼저 Inspector 뷰에서 Position 값을 (0, 0, 0)으로 변경하고, 카메라에 적당한 크기로 보이도록 z축을 마우스로 당겨줍니다. 직접 z축 값을 바꾸는 것도 가능합니다.

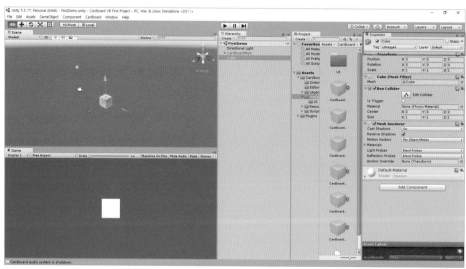

Cube 조작 – 2

z축을 당기거나 값을 변경하여 Game 뷰에 큐브가 보이게 됩니다.

다음은 바닥을 배치하겠습니다. 유니티에서 기본적으로 Plane이라는 지형 오브젝트를 제공하지만 Quad에 비해 폴리곤 수가 많아 VR 환경에서는 적합하지 않습니다. 화면을 두 번 렌더링하는 모바일 VR 환경에서는 다른 개발 환경보다는 최적화가 중요한 요인이기 때문입니다.

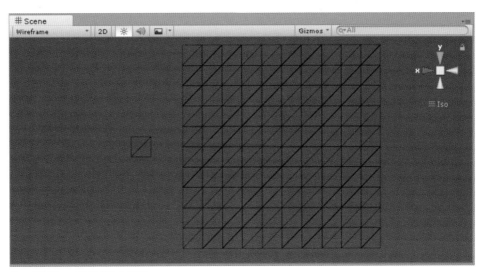

Quad와 Plane의 폴리곤 수 비교

그림을 보면 Quad에는 삼각형이 2개, Plane에는 삼각형이 여러 개 있습니다. 3D 모델은 일종의 **폴리곤**polygon 집합체입니다. 폴리곤이란 곡면이나 평면을 표현하기 위해 고안된 삼각형 유닛입니다. 폴리곤 수가 적을수록 하드웨어의 부하가 감소해 최적화에 유리합니다. 그러므로 Plane 대신에 Quad의 Scale을 늘려서 사용하겠습니다.

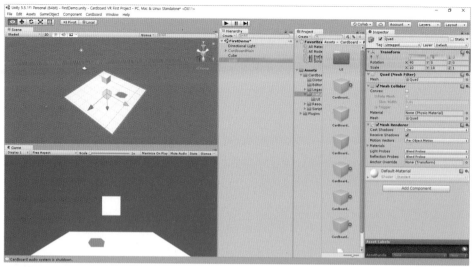

Quad를 이용한 바닥 생성

큐브를 생성할 때처럼 **3D Object > Quad**로 Quad를 생성합니다. 직접 조작하거나 값을 바꿔 줍니다.

여기서 잠시 Scene 뷰에 있는 아이콘 등이 무엇이고 어떤 기능을 하는지 조금 더 알아보겠습니다.

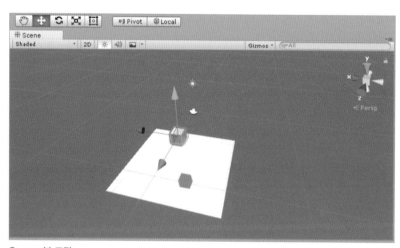

Scene 뷰 조작

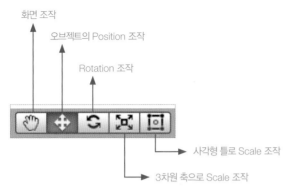

Scene 뷰 조작 관련 버튼

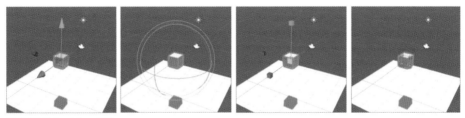

오브젝트의 Position 조작

화면 조작 외 4가지는 오브젝트에 대한 동작으로서 위 그림을 참고하여 직접 하나씩 해보면 쉽
게 이해할 수 있습니다.

피벗과 로컬 버튼

다음은 5개의 버튼 우측에 위치한 2개의 버튼입니다. 왼쪽은 조작 위치를 3D 모델이 가지고
있는 Pivot이나 Center를 기준으로 할지를 정하며, 오른쪽 아이콘은 3D 모델의 Local 아니
면 게임상의 공간인 World를 기준으로 할지 정할 수 있습니다.

컨트롤 바

그 아래 긴 컨트롤 바에 버튼들이 또 있습니다.

❶ Shaded (Shaded)는 Scene 뷰를 어떻게 볼지 정할 수 있습니다.

❷ 2D (2D) 메뉴는 2D 게임을 개발할 때 주로 사용하는 Scene 뷰로서 z축 평면으로 바라봅니다.

❸ 태양 아이콘(☀)은 이 게임에서 빛을 끌 수 있습니다.

❹ 스피커 아이콘(◀)))은 사운드를 설정할 수 있습니다.

❺ 그림 아이콘(▣)은 Scene 뷰에서 Skybox (하늘), Fog (안개) 등을 설정할 수 있습니다.

기즈모 조작

❻ 가장 우측의 기즈모^{Gizmos} (Gizmos ▾)는 뷰에 보이는 카메라 등의 아이콘들을 어떻게 볼지 설정할 수 있습니다. 원하는 방향의 화살표를 클릭하면 그쪽에서 바라보게 할 수 있습니다. 같은 축을 한 번 누르고 또 클릭하면 평면으로 볼 수 있고 다시 클릭하면 입체적으로 볼 수 있습니다.

2.3.2 3초간 바라보는 입력

먼저 조준을 하기 위해 눈앞에 커서 UI를 만들어보겠습니다.

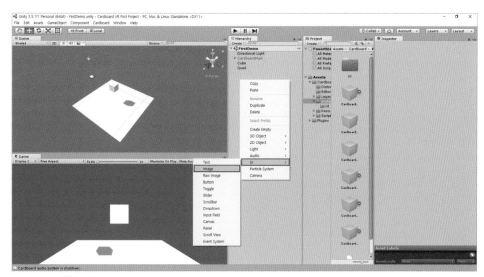

UI Image 생성 – 1

Hierarchy 뷰 내 빈 곳을 우클릭 후 **UI** ⟩ **Image**를 클릭합니다.

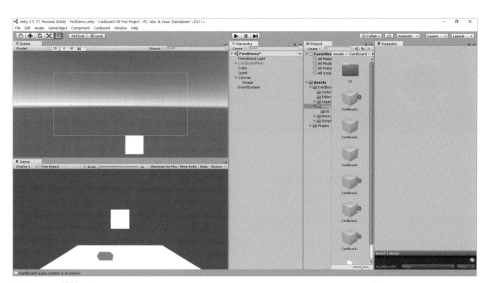

UI Image 생성 – 2

여기서 **UI**User Interface는 게임상에 플레이어 상태, 메뉴 등을 표시하는 것을 뜻합니다. 일반 게임 상에서 UI는 카메라의 바로 앞에 위치합니다.

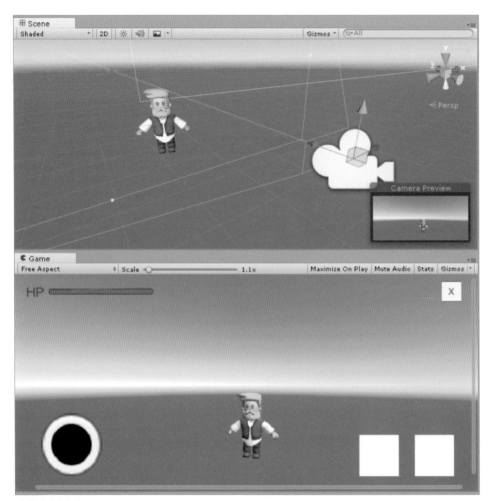

일반 게임에서의 UI

위 그림에서 Game 뷰가 일반 게임의 화면이고 이때 UI는 카메라의 바로 앞에 붙어 있는 상태입니다. VR 환경의 경우 기기를 착용하고 3D 입체 화면으로 화면을 바라보기 때문에 UI가 플레이어가 보는 화면 바로 앞에 붙어 있으면 마치 실제 현실에서 눈앞에 UI를 붙인 것처럼 느껴집니다. 즉 게임 화면의 초점과 UI가 맞물리지 않아서 불편합니다. 따라서 UI를 만들 때 3D UI 형태로 만들어야 합니다.

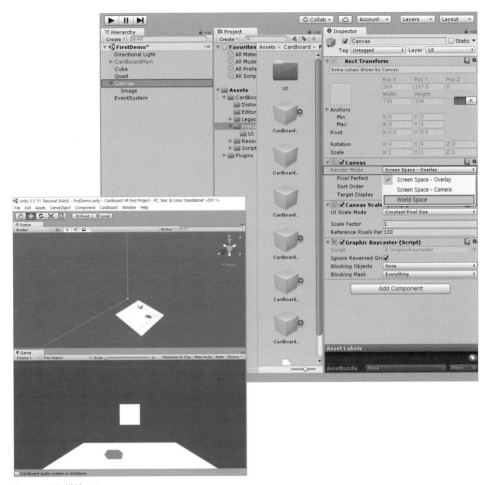

Cursor UI 생성 – 1

먼저 **Canvas**를 누르고 **캔버스**Canvas 컴포넌트에서 Render Mode를 Screen Space – Overlay에서 **World Space**로 바꿔줍니다. 그러면 거대한 UI 화면이 게임상에 존재하게 되므로 사이즈를 조정하고 카메라 앞에 붙이겠습니다.

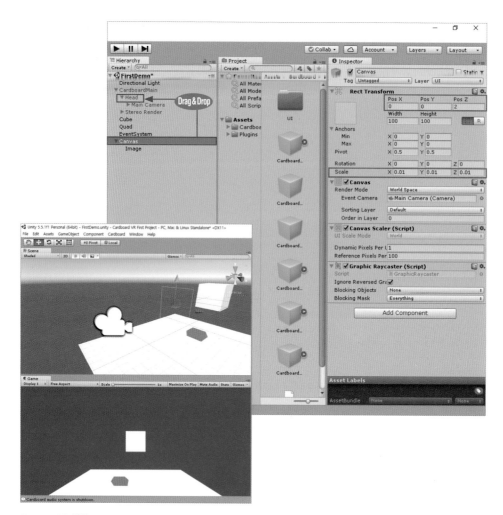

Cursor UI 생성 – 2

Canvas를 CardboardMain의 Head에 끌어다 놓습니다. VR에서 머리를 움직이면 Head 부분이 움직이기 때문에 UI도 Head와 움직이게 하기 위해 넣었습니다. 그다음 Rect Transform의 값들을 위 그림과 같이 Position은 (0, 0, 2), Scale은 (0.01, 0.01, 0.01)로 변경합니다.

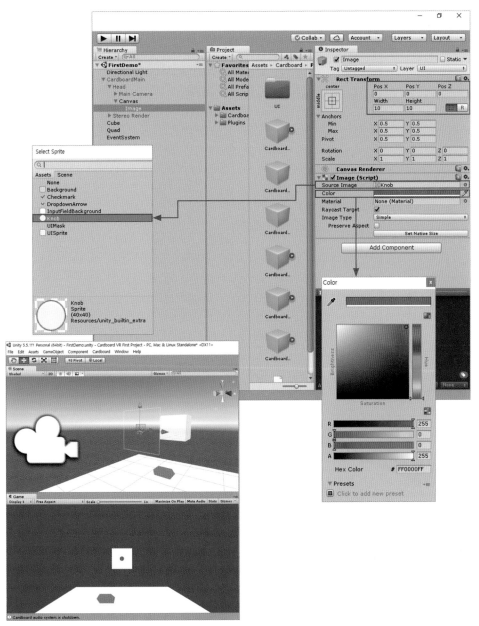

Cursor UI 생성 3

이번에는 **Image**를 클릭하여 위와 같이 Rect Transform과 Image(Script)의 Source Image와 Color를 변경합니다. 그다음 이미지 이름을 Cursor로 바꿉니다.

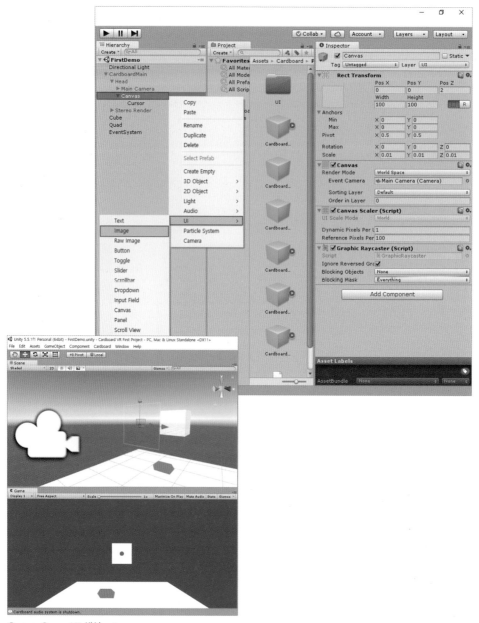

CursorGage UI 생성 – 1

다음은 커서가 어느 정도 동작했는지 알 수 있는 커서 게이지를 만들겠습니다. Canvas에 우클릭 후 **UI 〉 Image**를 선택해 커서 게이지를 만들어줍니다.

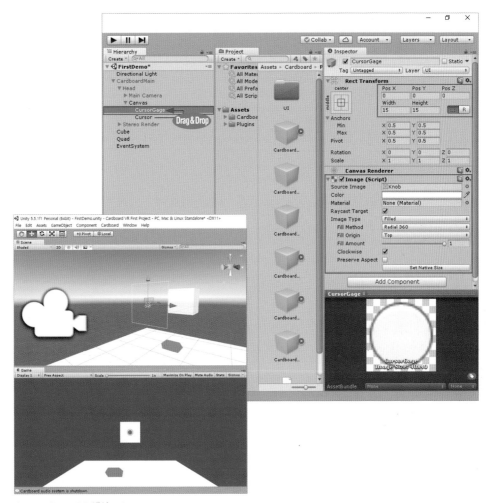

CursorGage UI 생성 – 2

생성 후 이름을 CursorGage로 변경하고 **Cursor**를 CursorGage 오브젝트 안에 끌어다 놓습니다. 그다음 CursorGage의 **Rect Transform**과 **Image (Script)**를 수정합니다.

여기서 **Image (Script)**의 **Image Type**의 현재 설정에 대해 간단히 설명하겠습니다.

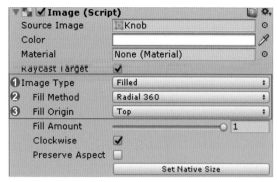

CursorGage UI 설정

❶ **Image Type**: Filled를 선택하여 이미지를 채워지는 형태로 변경했습니다.

❷ **Fill Method**: Radial 360을 선택합니다. Radial 360은 이미지를 0~360도만큼 표시하는 형태입니다.

❸ **Fill Origin**: Top을 선택하여 위에서부터 채워지는 형태로 변경합니다.

Fill Amount의 값에 따라 변화하는 CursorGage

이제 Fill Amount의 값에 따라 0~360도(0~1)로 그림을 채웁니다. 위 그림은 Fill Amount 의 값에 따라 변화하는 모습입니다. 이것으로 CursorGage가 1 증가할 때마다 3초가 경과했다는 것을 사용자가 인식할 수 있을 것입니다.

필요한 UI는 모두 구현했으니 이제 본격적으로 기능 구현을 하겠습니다.

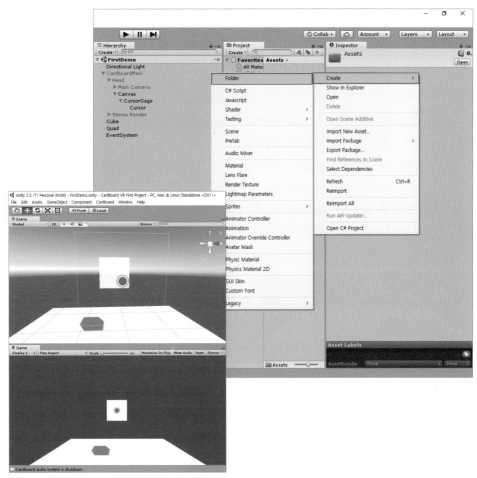

Scripts 폴더 생성

Project 뷰에서 우클릭하여 **Folder 〉 Create**를 눌러 새로운 폴더를 생성합니다. 폴더명은
Scripts로 하겠습니다.

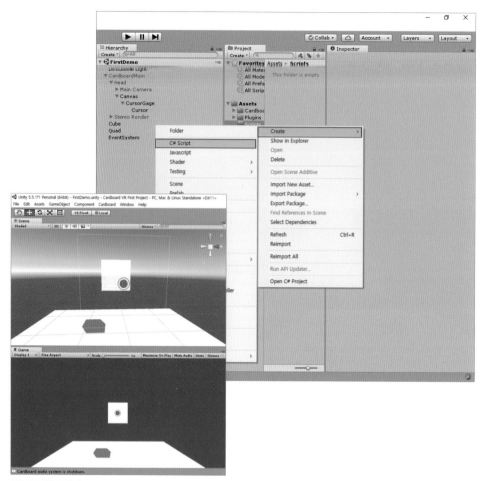

C# 스크립트 생성

그다음 **Scripts** 폴더를 우클릭 후 **C# Script 〉 Create**를 눌러 C# 스크립트를 생성합니다. 스크립트 이름은 PlayerCtrl로 하겠습니다. 이 **PlayerCtrl**을 더블클릭하면 Visual Studio가 실행되고 코드를 편집할 수 있습니다.

이제 스크립트의 기본 구조를 알아보겠습니다.

```
using System.Collections;
using System.Collections.Generic;
using UnityEngine;

public class PlayerCtrl : MonoBehaviour {

    // Use this for initialization
    void Start () {

    }

    // Update is called once per frame
    void Update () {

    }
}
```

처음 스크립트를 생성했을 때의 상태입니다. 유니티 엔진에 내장된 다양한 기능들을 가져오도록 코드가 작성되어 있습니다.

```
public class PlayerCtrl : MonoBehaviour
```

여기서 class 옆의 이름이 스크립트 파일과 다를 경우 컴포넌트로 사용할 수 없습니다.

```
// Use this for initialization
void Start ()
```

Start 함수에는 게임 실행 중 오브젝트가 생성되면 한 번만 실행할 작업들이 들어갑니다. 프로그래밍에 익숙하지 않다면, **함수**function란 이처럼 특정한 기능을 수행하는 하나의 실행 단위라고 생각해도 됩니다.

```
// Update is called once per frame
void Update ()
```

Update는 업데이트라는 단어 의미 그대로 게임 실행 중 매 프레임마다 오브젝트들에 대해 실행할 작업을 작성하는 함수입니다.

이제 코드를 작성하여 기능들을 추가시켜보겠습니다.

예제 PlayerCtrl.cs 기능을 추가한 전체 소스 코드

```
using System.Collections;
using System.Collections.Generic;
using UnityEngine;
using UnityEngine.UI;

public class PlayerCtrl : MonoBehaviour {

    public Image CursorGageImage;
    // 커서 이미지를 저장하는 변수

    private Vector3 ScreenCenter;
    // 카메라의 중앙 지점을 저장하는 변수

    private float GageTimer;
    // 커서 게이지를 3초간 1까지 증가시키기 위한 변수, 0으로 초기화.

    // Use this for initialization
    void Start () {
        ScreenCenter = new Vector3(Camera.main.pixelWidth / 2,
                                   Camera.main.pixelHeight / 2);
        // (메인 카메라 화면의 높이/2, 너비/2) = 카메라 중앙 좌표
    }

    // Update is called once per frame
    void Update () {
        Ray ray = Camera.main.ScreenPointToRay(ScreenCenter);
        // 카메라 중앙 좌표부터 Ray를 생성하여 ray 변수에 할당
        RaycastHit hit;
        // ray가 충돌한 지점의 정보를 저장하는 변수
        CursorGageImage.fillAmount = GageTimer;
        // 커서 게이지 이미지의 fillAmount의 값은 GageTimer의 값과 같게 한다.

        if (Physics.Raycast(ray, out hit, 100.0f))
        // ray를 100.0f 거리까지 쏘아서 충돌 상태를 확인한다.
        {
            GageTimer += 1.0f / 3.0f * Time.deltaTime;
            // 3초 동안 GageTimer를 1로 증가시킨다.
            if (GageTimer >= 1)
```

```
                    // GageTimer가 1 이상이면
                {
                        hit.transform.gameObject.SetActive(false);
                        // ray에 맞은 게임 오브젝트를 끈다.
                        GageTimer = 0;
                        // 입력을 완료했으니 GageTimer를 0으로 한다.
                }
            }
            else
                GageTimer = 0;
                // ray에 아무것도 충돌하지 않으면 GageTimer를 0으로 한다.
        }
    }

ScreenCenter = new Vector3(Camera.main.pixelWidth / 2, Camera.main.pixelHeight / 2);
// (메인 카메라 화면의 높이/2, 너비/2) = 카메라 중앙 좌표
```

ScreenCenter라는 Vector3 변수에 실행 즉시 메인 카메라의 높이와 너비를 각각 반으로 나눈 중앙 지점의 값을 저장했습니다.

```
Ray ray = Camera.main.ScreenPointToRay(ScreenCenter);
// 카메라 중앙 좌표부터 Ray를 생성하여 ray 변수에 할당
RaycastHit hit;
// ray가 충돌한 지점의 정보를 저장하는 변수

( . . .)

if (Physics.Raycast(ray, out hit, 100.0f)){
// ray를 100.0f 거리까지 쏘아서 충돌 상태를 확인한다.
    ( . . .)
}
```

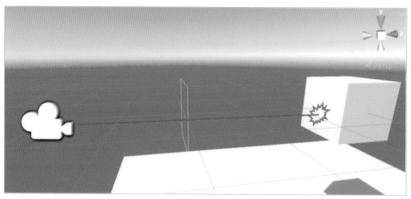

Ray 가상의 레이저 예시

앞 코드에서는 그림에 나타난 것과 같이 레이Ray라는 가상의 보이지 않는 레이저를 쏘아주고 RaycastHit이라는 이벤트로 충돌을 감지합니다. 눈으로 바라보는 Cursor의 위치는 카메라의 중앙이기 때문에 레이저는 실제 게임 플레이어한테 보이지는 않지만 무엇을 바라보고 있는지 감지하기 위해 사용했습니다.

```
CursorGageImage.fillAmount = GageTimer;
// 커서 게이지 이미지의 fillAmount의 값은 GageTimer의 값과 같게 한다.

if (Physics.Raycast(ray, out hit, 100.0f))
// ray를 100.0f 거리까지 쏘아서 충돌 상태를 확인한다.
{
    GageTimer += 1.0f / 3.0f * Time.deltaTime;
    // 3초 동안 GageTimer를 1로 증가시킨다.
    if (GageTimer >= 1)
    // GageTimer가 1 이상이면
    {
        hit.transform.gameObject.SetActive(false);
        // ray에 맞은 게임 오브젝트를 끈다.
        GageTimer = 0;
        // 입력을 완료했으니 GageTimer를 0으로 한다.
    }
}
else
    GageTimer = 0;
```

CursorGageImage의 fillAmount 값은 항상 GageTimer와 같습니다. 그리고 GageTimer 는 ray가 오브젝트에 충돌하면 3초 동안 1까지 값을 증가시킵니다. 1 이상이 되는 순간 바라보고 있던 오브젝트의 상태를 꺼서 없어지게 했습니다.

ray가 충돌하지 않는다면 GageTimer의 값은 0으로 아무런 작동도 하지 않습니다.

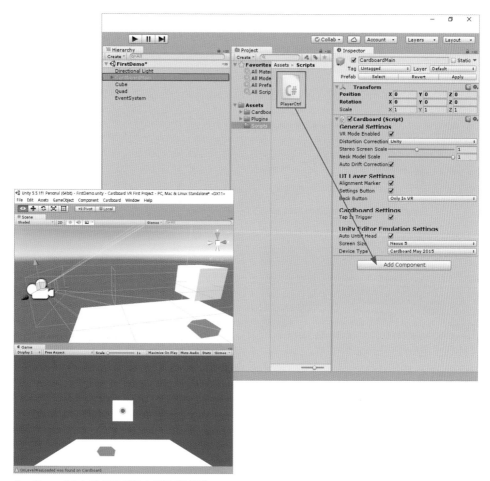

CardboardMain에 새로 만든 스크립트를 등록

이제 스크립트를 동작하게 만들기 위해 **CardboardMain** 오브젝트에 PlayerCtrl 스크립트를 [**Add Component**]를 눌러 등록합니다.

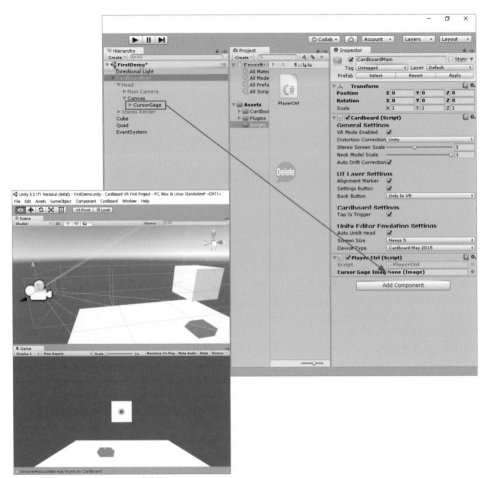

PlayerCtrl에 CursorGage 직접 등록

CardboardMain 〉 Cursor Gage를 PlayerCtrl의 Cursor Gage Image에 끌어다 놓습니다. 재생() 버튼을 클릭하여 테스트를 해보고, 오류가 발생한다면 Cursor Gage Image를 지정해주지 않았기 때문이므로 등록을 합니다.

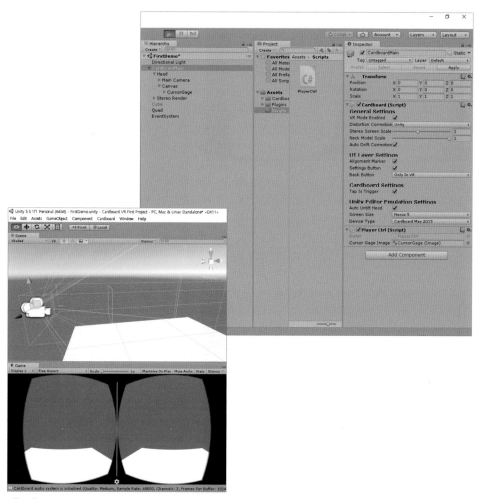

기능 테스트

테스트를 시작하면 3초 후에 눈앞의 박스가 사라지는 것을 볼 수 있습니다.

여기서 PC에서 테스트를 할 때 알아두어야 할 조작들을 간단하게 알아보겠습니다.

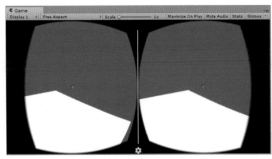

카드보드 SDK 머리 회전 조작

Alt 를 누른 상태에서 마우스를 움직이면 머리가 회전하듯 화면이 회전합니다. 바닥에 만든 Quad를 바라보면 3초 후 제거됩니다.

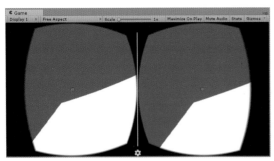

카드보드 SDK 머리 기울기 조작

Ctrl 을 누른 상태에서 마우스를 움직이면 머리가 좌우로 기울어지듯 화면을 회전합니다.

그런데 지금 코드에는 한 가지 문제가 있습니다. 바닥인 Quad는 바라봤을 때 지워지지 않아야 합니다. 유니티에서는 오브젝트에 태그tag를 달아 스크립트에서 해당 오브젝트를 쉽게 식별하고 사용할 수 있습니다. 이를 이용해 오브젝트를 바라보면 지워지는 기능을 Cube에만 적용해보도록 하겠습니다.

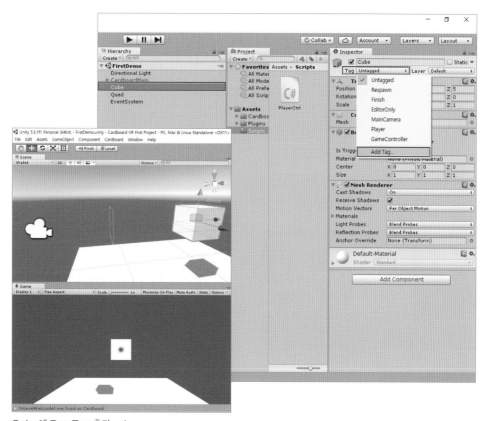

Cube에 Box Tag 추가 - 1

Cube 〉 Tag의 Untagged를 선택하고 Add Tag...를 클릭합니다.

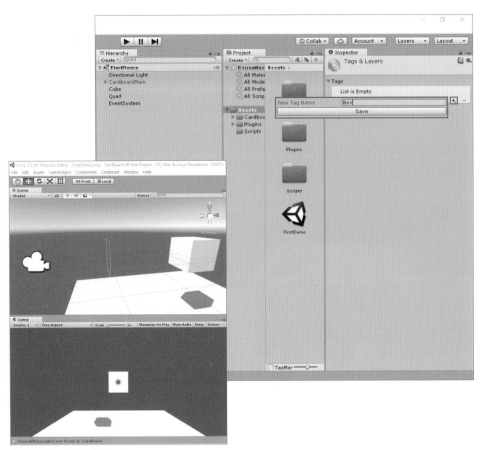

Cube에 Box Tag 추가 - 2

Inspector 뷰가 Tags & Layers 창으로 변경되었을 것입니다. Tags의 + 버튼(+)을 누르고
New Tag Name을 Box로 지정한 후 [Save]를 클릭합니다.

Cube에 Box Tag 지정

다시 Cube 오브젝트로 돌아가서 **Cube 〉 Tag**를 **Box**로 변경합니다.

이제 PlayerCtrl 스크립트에 코드를 추가하여 Box라는 태그를 가진 오브젝트에만 반응하도록 바꿔보겠습니다.

```
(. . .)
// Update is called once per frame
void Update () {
    (. . .)

    if (Physics.Raycast(ray, out hit, 100.0f))
    // ray를 100.0f 거리까지 쏘아서 충돌 상태를 확인한다.
    {
        if (hit.collider.CompareTag("Box"))
        // ray에 hit한 collider의 Tag가 Box일 경우에만
        {
            GageTimer += 1.0f / 3.0f * Time.deltaTime;
            // 3초 동안 GageTimer를 1로 증가시킨다.
            if (GageTimer >= 1)
            {
                hit.transform.gameObject.SetActive(false);
                // ray에 맞은 게임 오브젝트를 끈다.
                GageTimer = 0;
                // 입력을 완료했으니 GageTimer를 0으로 한다.
            }
        }
    }
    else
```

```
    GageTimer = 0;
    // ray에 아무것도 충돌하지 않으면 GageTimer를 0으로 한다.
```

여기서 **콜라이더**^{collider}란 게임에서 물리적 충돌 역할을 하는 보이지 않는 형상입니다. 충돌체라고도 합니다. Collider를 통하여 충돌 범위를 지정하고 감지할 수 있습니다.

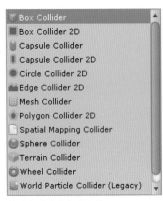

유니티 엔진에서 제공하는 Collider

유니티 엔진은 다양한 형태의 Collider를 제공합니다. 3D 모델의 형태와 필요에 따라 다양하게 Collider를 사용합니다.

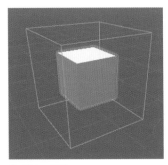

Collider 예시

위 이미지의 녹색 큐브의 형태가 **박스 콜라이더**^{Box Collider}입니다. 큐브 사이즈와 딱 맞으면 큐브에 정확하게 충돌할 것입니다. 처음에 생성한 Cube에는 Box Collider가 이미 적용되어 있기 때문에 바로 재생(▶) 버튼을 클릭하여 테스트하면 Quad는 인식하지 않고 Cube만 지울 수 있습니다.

2.3.3 카드보드 자석 버튼 입력

이번에는 카드보드가 가진 유일한 버튼인 자석 버튼을 이용하여 큐브를 없어지도록 해보겠습니다.

카드보드에서는 버튼 입력에 대해 **트리거**trigger라는 기능을 제공합니다. 이를 이용하여 PlayerCtrl 코드를 추가, 수정하여 두 가지 입력을 자유롭게 사용할 수 있도록 해보겠습니다.

예제 **PlayerCtrl.cs** 자석 버튼 기능을 추가한 전체 소스 코드

```csharp
using System.Collections;
using System.Collections.Generic;
using UnityEngine;
using UnityEngine.UI;

public class PlayerCtrl : MonoBehaviour {

    public Image CursorGageImage;
    // 커서 이미지를 저장하는 변수

    private Cardboard MagnetButton;
    // Cardboard 스크립트를 저장하는 변수

    private Vector3 ScreenCenter;
    // 카메라의 중앙 지점을 저장하는 변수

    private float GageTimer;
    // 커서 게이지를 3초간 1까지 증가시키기 위한 변수

    // Use this for initialization
    void Start () {
        ScreenCenter = new Vector3(Camera.main.pixelWidth / 2,
                                   Camera.main.pixelHeight / 2);
        // (카메라 화면의 높이/2, 너비/2) = 카메라 중앙 좌표
        MagnetButton = GetComponent<Cardboard>();
        // MagnetButton 변수에 현재 오브젝트가 가지고 있는
        // Cardboard 스크립트를 불러와 저장한다.
```

```
        }

        // Update is called once per frame
        void Update () {
            Ray ray = Camera.main.ScreenPointToRay(ScreenCenter);
            // 카메라 중앙 좌표부터 레이를 생성
            RaycastHit hit;
            // ray가 충돌한 지점의 정보를 저장하는 변수

            CursorGageImage.fillAmount = GageTimer;
            // 커서 게이지 이미지의 fillAmount의 값은 GageTimer의 값과 같게 한다.

            if (Physics.Raycast(ray, out hit, 100.0f))
            // ray를 100.0f 거리까지 쏘아서 충돌 상태를 확인한다.
            {
                if (hit.collider.CompareTag("Box"))
                // hit에 맞은 오브젝트의 Tag가 Box일 경우에만
                {
                    GageTimer += 1.0f / 3.0f * Time.deltaTime;
                    // 3초 동안 GageTimer를 1로 증가시킨다.
                    if (GageTimer >= 1 || MagnetButton.Triggered)
                    // GageTimer가 1 이상이거나 자석 버튼을 작동시키면
                    {
                        hit.transform.gameObject.SetActive(false);
                        // ray에 맞은 게임 오브젝트를 끈다.
                        GageTimer = 0;
                        // 입력을 완료했으니 GageTimer를 0으로 한다.
                    }
                }
            }
            else
                GageTimer = 0;
                // ray에 아무것도 충돌하지 않으면 GageTimer를 0으로 한다.
        }
    }
```

추가한 코드 위주로 다시 한번 살펴보겠습니다.

```
private Cardboard MagnetButton;
// Cardboard 스크립트를 저장하는 변수
```

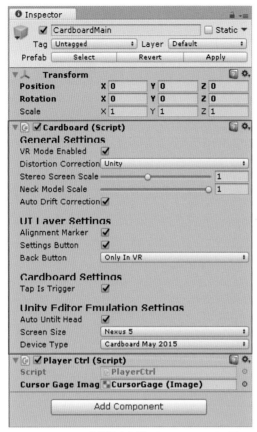

CardboardMain에 등록되어 있는 Cardboard 스크립트

Cardboard 스크립트는 CardboardMain 오브젝트에 기본적으로 등록되어 있습니다.

```
MagnetButton = GetComponent<Cardboard>();
// MagnetButton 변수에 현재 오브젝트가 가지고 있는
// Cardboard 스크립트를 불러와 저장한다.
```

Start에서 한 번만 MagnetButton에 Cardboard 스크립트를 불러와서 저장하여 매번 사용할 수 있게 합니다.

```
if (GageTimer >= 1 || MagnetButton.Triggered)
```

이 코드에서 ||는 OR(논리합) 연산을 뜻하며 GageTimer가 1 이상 되었을 때 또는 자석 버튼이 Triggered 되었을 때에 작동하게 해주었습니다.

유니티 에디터에서 자석 버튼 테스트는 마우스 클릭으로 가능합니다. 재생(▶) 버튼을 누르고 큐브를 바라본 상태에서 화면을 클릭하면 큐브가 사라질 것입니다.

2.3.4 스마트폰에 빌드

이제 기본적인 기능을 모두 완성시켰습니다. 스마트폰에 빌드하여 VR 기기를 통해 가상현실을 체험해보겠습니다.

스마트폰 개발자 옵션 설정 – 1

먼저 스마트폰 설정에 들어가서 소프트웨어 정보를 찾아서 **빌드번호**를 여러 번 터치해줍니다. '개발자 모드를 실행했습니다.'라는 문구가 나오면 **개발자 옵션** 메뉴가 열립니다.

스마트폰 개발자 옵션 설정 – 2

개발자 옵션에 들어가서 **USB 디버깅**을 활성화(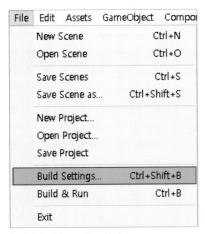)합니다.

Build Settings 메뉴 열기

그다음으로 **File 〉Build Settings...**를 엽니다.

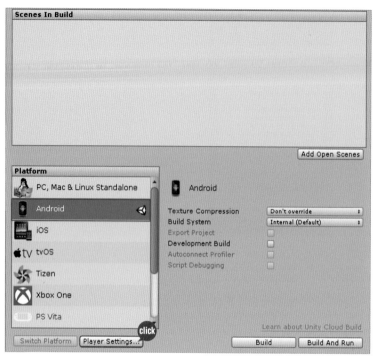

Building Settings 메뉴

Android를 클릭하여 [Player Settings...]를 클릭합니다.

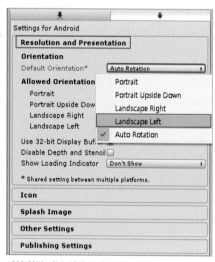

게임 화면 기본 회전 상태 설정

먼저 Resolution and Presentation 메뉴에서 Default Orientation을 설정해야 합니다. 이 설정은 스마트폰 화면 회전에 관련된 설정입니다. VR에서는 항상 가로 화면이 유지되어야 하기 때문에 Default Orientation을 **Landscape Left**로 변경합니다.

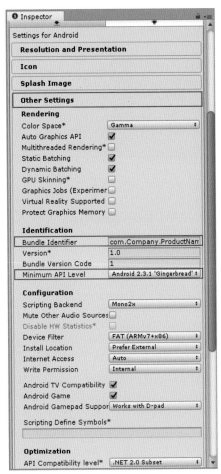

그 외 설정

Other Settings에서 **Bundle Identifier**의 주소를 변경하지 않으면 에러가 발생하므로 적당히 원하는 주소로 바꿔줍니다. 이 주소가 나중에 스토어에 등록할 패키지명이 됩니다.

Minimum API Level은 설치한 안드로이드 SDK의 가장 낮은 버전으로 설정합니다.

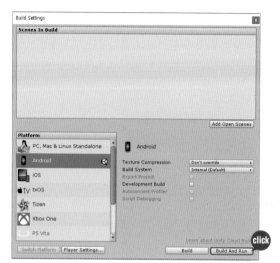

Build & Run

스마트폰을 PC와 연결한 후 **File 〉 Build & Run**을 누르거나 **Bulid Settings...** 창을 켜서
[Build And Run]을 클릭합니다.

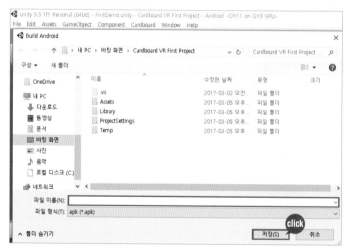

저장할 apk 파일 이름 설정

저장할 apk 파일의 이름을 지정하여 적은 후 **[저장]**을 클릭합니다.

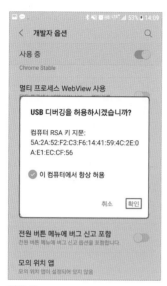

빌드 중

빌드 중에는 스마트폰 화면에 USB 디버깅 허용 안내가 나오는데 [확인]을 클릭합니다.

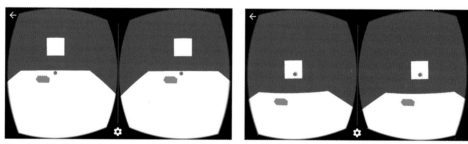

빌드 후 스마트폰 실행 화면

빌드 후에는 게임을 실행하여 카드보드에 넣어 직접 플레이해봅니다.

여기서 자석 버튼 입력이 잘 되지 않는다면 스마트폰을 반대로 뒤집어서 플레이해본 후 잘 된다면 다음 빌드부터는 Resolution and Presentation 메뉴에서 Default Orientation을 **Landscape Right**로 변경하여 빌드합니다.

2.4 캐주얼 게임 〈빌을 찾아라〉

이제 앞서 만든 게임 프로젝트를 활용해서 아주 간단한 게임을 만들어보겠습니다. 기존 Scene은 타이틀 화면으로 사용하고 새로운 Scene을 에셋을 이용해 꾸밀 것입니다. 특정 오브젝트를 바라보거나 버튼을 눌러서 상호작용하는 방법을 예시로 알려주는 게임인 〈빌을 찾아라〉를 만들어보겠습니다.

2.4.1 게임 소개

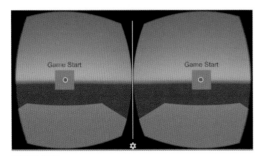

타이틀 화면

기존의 Scene을 그대로 타이틀 화면으로 사용했습니다. 큐브를 3초간 바라보거나 자석 버튼을 클릭하면 게임이 시작됩니다.

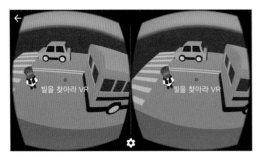

게임 실행 화면

게임 실행 화면에는 게임의 제목을 출력하는 텍스트 오브젝트가 있습니다.

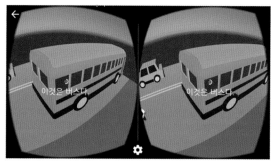
게임 속 기능

특정 사물을 바라보면 CursorGage가 작동합니다. 3초 정도 기다리거나 자석 버튼을 입력하면 제목을 출력하던 텍스트가 바라보는 사물이 무엇인지 알려주고 배경음악도 흘러나옵니다.

2.4.2 게임에서 사용할 에셋 설치

게임에서 사용할 에셋을 설치하겠습니다. 에셋은 유니티 에셋 스토어(Ctrl + 9)에서 다운을 받거나 한빛미디어 사이트에서 예제 소스를 다운로드합니다. 여기에서는 유니티 에셋 스토어를 이용해보겠습니다.

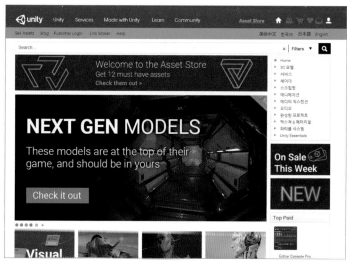
유니티 에셋 스토어

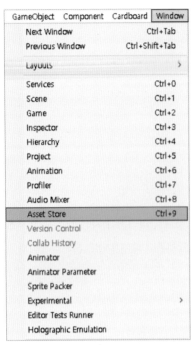

Asset Store 열기

Window 〉Asset Store를 누릅니다.

Asset Store

Scene 뷰 옆에 에셋 스토어^Asset Store 뷰가 새로 추가되었습니다.

Asset Store 메뉴

화면의 메뉴(⬛) 버튼을 클릭하면 에셋 스토어의 카테고리를 볼 수 있습니다. **3D 모델** 카테고리에 들어갑니다.

무료 Asset만 보는 설정

[**FREE ONLY**]를 클릭하면 선택한 카테고리의 무료 에셋만 볼 수 있습니다. 이제 필요한 에셋을 찾아보겠습니다.

맵으로 사용할 에셋

맵을 디자인할 에셋을 다운로드하면서 엔진에 적용하는 방법을 알아보겠습니다. 직접 검색해도 되고 **3D 모델 〉 환경 〉 도시**로 가서 **[FREE ONLY]**를 클릭한 후 직접 찾아도 됩니다. 필요한 에셋을 찾았으면 [다운로드]를 클릭합니다.

맵 에셋 패키지 구성

다운로드가 완료되면 위와 같은 화면이 엔진에 뜰 것입니다. 주로 사용할 것은 Prefabs에 들어 있는 오브젝트이지만 그 오브젝트의 데이터는 Models 폴더와 Materials 폴더에 있기 때문에 그 외 폴더는 체크를 해제하고 **[Import]**를 클릭합니다.

Scenes 폴더의 경우 예제로 만든 Scene이 있기 때문에 보고싶다면 같이 임포트해도 됩니다.

에셋 정리

임포트가 완료된 후 에셋 스토어에서 받은 에셋을 저장할 Asset Store 폴더를 추가하여 방금 추가한 에셋을 정리하겠습니다.

캐릭터 에셋

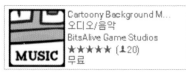

배경음악 에셋

나머지 에셋도 동일하게 다운로드하고 임포트 후 Asset Store 폴더에 끌어다 놓습니다. 폴더 정리는 지속적으로 해야 나중에 개발할 때 복잡하지 않습니다.

2.4.3 Scene 디자인

기존의 Scene을 타이틀로 사용하기 위해 큐브에 텍스트를 추가하겠습니다.

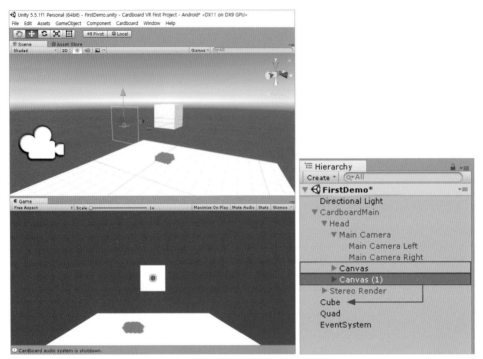

Cube에 Text 추가 – 1

먼저 **CardboardMain 〉 Head**의 **Canvas**를 복사합니다. [Ctrl] + [D] 또는 [Ctrl] + [C], [V] 단축키를 사용해도 됩니다.

그리고 **Canvas (1)**을 Cube로 끌어다 놓습니다.

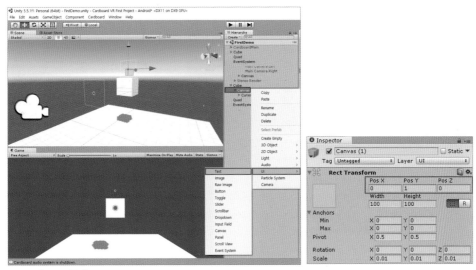

Cube에 Text 추가 − 2

Canvas (1)의 Rect Transform을 수정하고 우클릭하여 **UI 〉 Text**를 추가합니다.

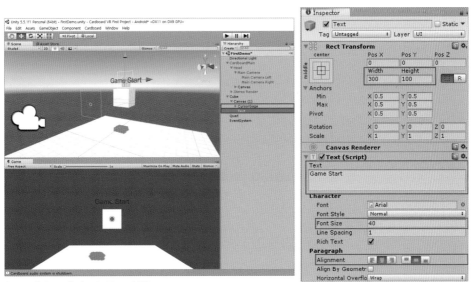

Cube에 Text 추가 − 3, Text 설정

Canvas (1)의 CursorGage는 삭제하고, Text는 Inspector 뷰에서 Rect Transform, Text, Font Size, Alignment를 각각 위 그림과 같이 조정합니다.

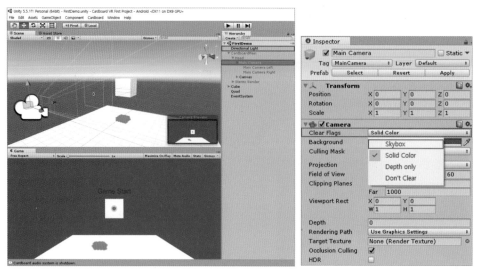

하늘을 보기 위한 Camera 설정

성능 향상을 위해 Directional Light는 지우고, 하늘을 보기 위해서 Main Camera의 **Clear Flags**를 **Skybox**로 변경합니다.

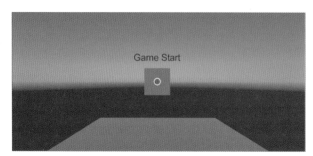

타이틀용 Scene 완성

Game 뷰가 화면처럼 되었으면 타이틀 화면이 완성된 것입니다.

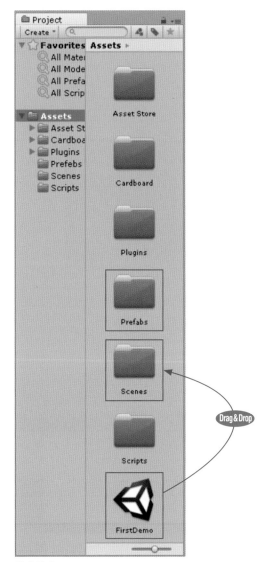

폴더 정리

Assets 아래에 새로운 폴더 두 개를 추가하여 각각 Prefabs와 Scenes로 이름을 바꿔줍니다.
FirstDemo는 Scenes 폴더에 끌어다 놓습니다.

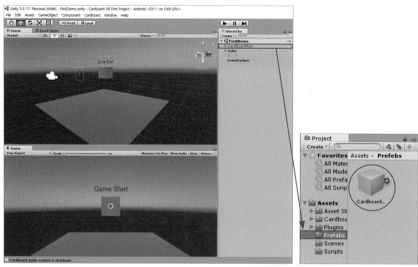

Prefab화

CardboardMain은 다른 Scene에서 사용하기 편하도록 Prefab화합니다.

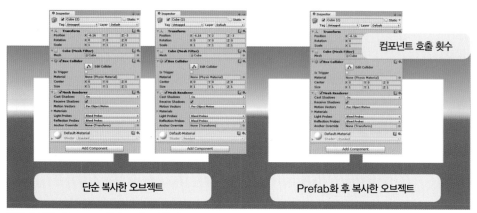

일반 오브젝트와 Prefab화 오브젝트의 차이

여기서 **프리팹**prefab이란 한번 만든 오브젝트를 복제하여 Inspector 뷰의 설정과 함께 도장을 찍듯이 양산할 수 있는 유니티의 기능을 말합니다. 단순 복사한 오브젝트보다 Prefab으로 만든 오브젝트를 사용하면 수고를 줄이고 관리도 편해집니다. 똑같은 오브젝트를 그냥 복사했을 때 그 오브젝트가 가진 컴포넌트도 새로 호출하는데 Prefab으로 만든 오브젝트는 Prefab만 불러오면 되기 때문에 최적화에도 도움이 됩니다.

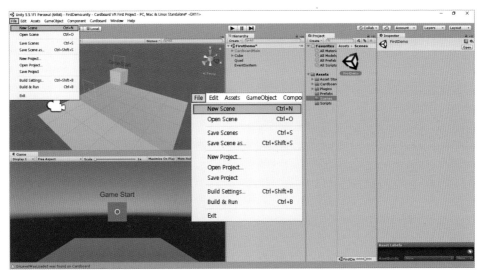

새로운 Scene 생성

File 〉 New Scene을 클릭하여 새로운 Scene을 만들어줍니다.

새로운 Scene 저장

Ctrl + S 단축키를 이용하여 Scenes 폴더에 파일 이름을 Find Bill로 [저장]합니다.

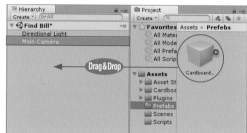

새로운 Scene을 VR 환경으로 변경

기본적으로 Directional Light와 Main Camera를 지우고 **Prefabs 〉 CardboardMain**을 끌어다 놓고 시작하겠습니다.

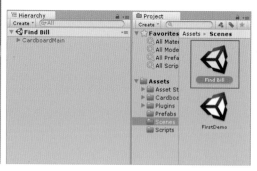

새로운 Scene 준비 완료

이제 Find Bill Scene을 만들 준비가 되었습니다.

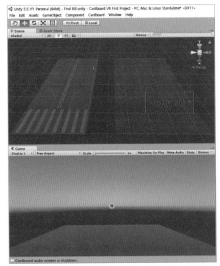
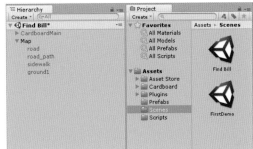

맵 배치

Hierarchy 뷰에서 우클릭 후 **Create Empty**를 클릭합니다. 오브젝트의 이름을 Map으로, Position을 (0, 0, 0)으로 하고 **Asset Store 〉 Stylized city 〉 Prefabs 〉 ground**에 **ground1** 을 (0, 0, 35)에 배치합니다. **Asset Store 〉 Stylized city 〉 Prefabs 〉 road**에 road, road_ **path, sidewalk** 오브젝트들을 Map의 밑에 끌어다 놓은 후 ground1을 기준으로 화면처럼 배치합니다. 처음 오브젝트들이 보이지 않는다면 Position을 (0, 0, 0)으로 변경 후 다시 해 봅니다.

V 키를 이용한 꼭짓점 배치

오브젝트를 배치할 때에 Ⓥ 키를 클릭하면 오브젝트의 꼭짓점으로 위치가 잡힙니다. 그리고 다른 꼭짓점에 맞게 조작할 수 있습니다.

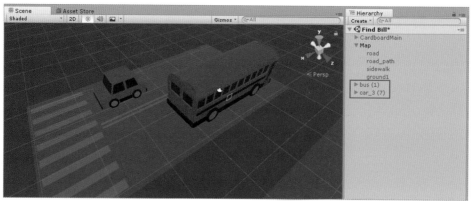

버스와 자동차 배치

- Asset Store 〉 Stylized city 〉 Prefabs 〉 Cars에 bus (1), car_3 (7)

집, 바위, 나무 배치

- Asset Store 〉 Stylized city 〉 Prefabs 〉 house에 house_2
- Asset Store 〉 Stylized city 〉 Prefabs 〉 stones에 Sm_stone4 x 2
- Asset Store 〉 Stylized city 〉 Prefabs 〉 trees에 tree3

각각 그림과 같이 배치합니다.

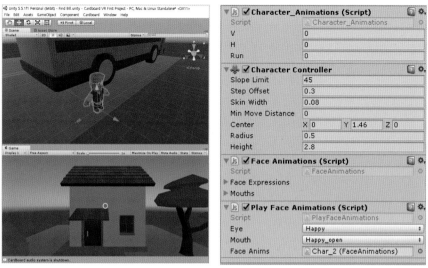

캐릭터 배치 후 설정

Asset Store 〉 Medieval_Toon_Charcter 〉 Prefabs 〉 char_2

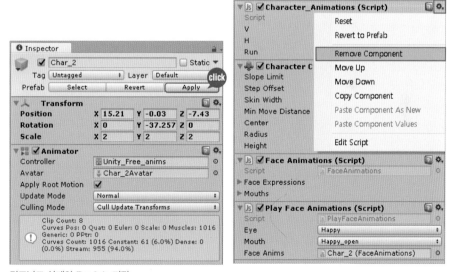

컴포넌트 삭제와 Prefab 저장

캐릭터 하나를 배치하고 앞의 네 가지 컴포넌트는 사용하지 않으니 위와 같은 방법으로 지우고
[Apply] 버튼을 클릭하여 Prefab을 저장합니다.

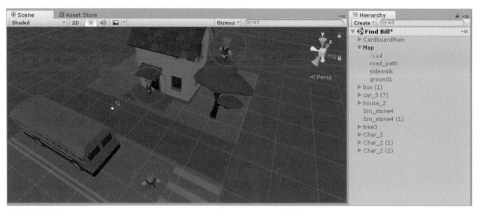

캐릭터 배치

그다음 캐릭터를 복사하여 화면같이 3명의 캐릭터를 배치합니다.

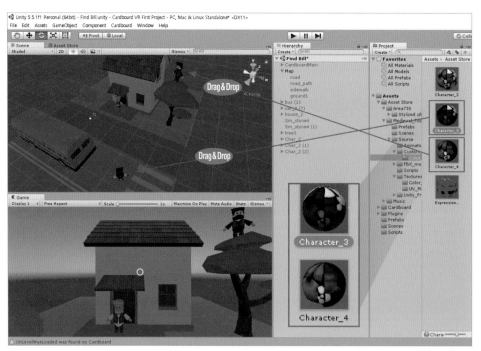

캐릭터 색 변경

Asset Store 〉 Medieval_Toon_Charcter 〉 Source 〉 Custom_Materials 〉 Color_Diffuse 폴더의 **Character_3**와 **Character_4**를 각각 화면의 캐릭터에 끌어다 놓습니다.

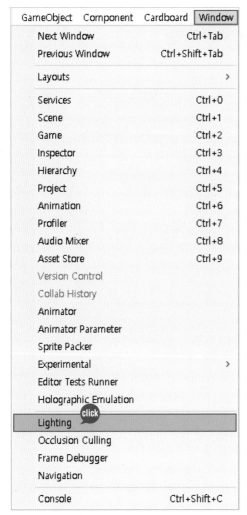

Lighting 메뉴 열기

현재 라이트가 없기 때문에 게임의 밝기가 조금 어둡습니다. 밝기 조정을 하겠습니다.

Window 〉 Lighting을 클릭합니다.

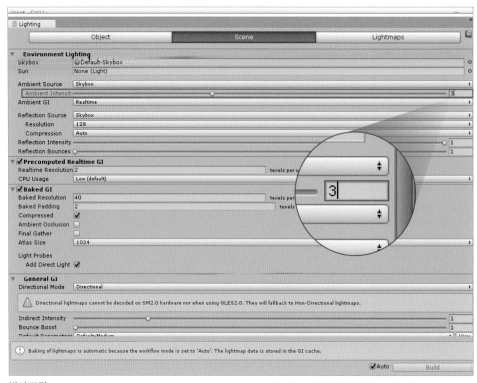

밝기 조절

Lighting 메뉴에서 **Ambient Intensity** 값을 조정하면 밝기가 변화합니다. 3으로 변경합니다.

2.4.4 문자열 정보를 가진 오브젝트

Scene에 있는 오브젝트들에 Object Tag와 콜라이더를 추가하고 그 오브젝트를 바라봤을 때마다 다른 텍스트를 출력하게 문자열 정보를 가지는 스크립트를 작성하겠습니다. 먼저 스크립트를 작성하겠습니다.

Scripts 폴더에 ObjectText.cs 스크립트를 생성합니다.

ObjectText 스크립트 생성

바로 스크립트를 편집하겠습니다.

예제 **ObjectText.cs** 문자열 정보를 저장하는 스크립트

```csharp
using System.Collections;
using System.Collections.Generic;
using UnityEngine;

public class ObjectText : MonoBehaviour {

    public string text;
    // 문자열 데이터를 저장하는 변수
}
```

string은 문자열을 담는 자료형이며 문자열의 내용은 text 변수에 담기게 됩니다. 이 스크립트를 오브젝트에 끌어다 놓고 text는 직접 지정합니다. 따라 하면서 노란 머리 캐릭터에게 "그는 빌이다"라는 문자열을 지정해보겠습니다.

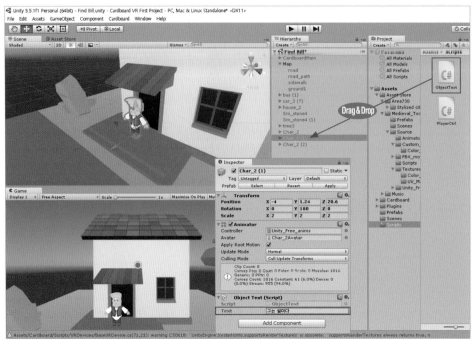

각 오브젝트에 ObjectText 스크립트 등록

ObjectText 스크립트를 Char_2(1)에 끌어다 놓습니다. 그리고 Char_2(1)의 Object Text(Script)의 Text에 직접 "그는 빌이다"라고 작성합니다.

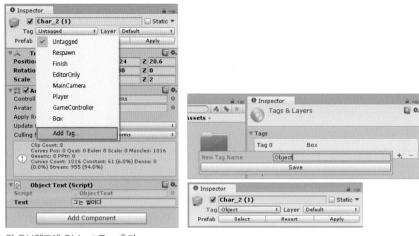

각 오브젝트에 Object Tag 추가

Cube에 Box Tag를 추가했던 방법과 동일한 방법으로 Char_2(1)에 Object Tag를 추가합
니다.

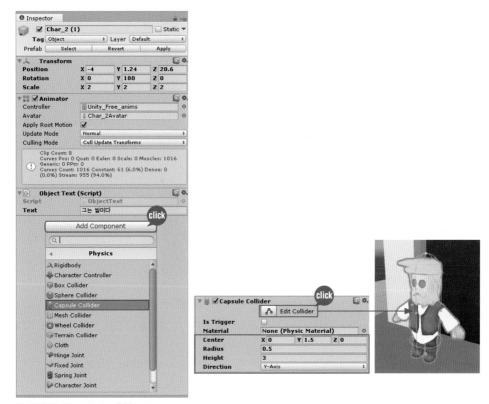

각 오브젝트에 Collider 추가 – 1

이번에는 직접 Collider를 생성하겠습니다.

Char_2 (1)에서 [Add Component]를 누르고 Physics 〉 Capsule Collider를 생성합니다.
캡슐 콜라이더 Capsule Collider는 앞에서 본 박스 콜라이더와 달리 원통 위아래에 반구를 결합한 모양
의 콜라이더입니다.

그다음 직접 값을 입력해서 캐릭터 모양에 맞게 수정하거나 **Edit Collider**를 클릭하여 Scene
뷰에서 녹색 점을 클릭하여 수정할 수 있습니다.

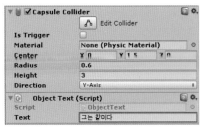

각 오브젝트에 Collider 추가 – 2

동일한 방법으로 각 오브젝트에 Tag와 Collider를 추가하여 Text를 수정합니다. Char_2에 Capsule Collider를 생성하고, Text에 "그는 칼이다"를 입력한다.

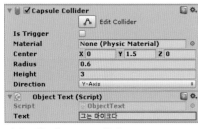
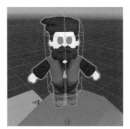

각 오브젝트에 Collider 추가 – 3

Char_2 (2)에 Capsule Collider를 생성하고, Text에 "그는 마이크다"를 입력한다.

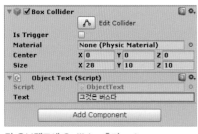

각 오브젝트에 Collider 추가 – 4

bus (1)에 Box Collider를 생성하고, Text에 "그것은 버스다"를 입력한다.

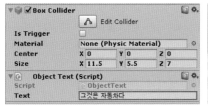

각 오브젝트에 Collider 추가 – 5

car_3 (7)에 Box Collider를 생성하고, Text에 "그것은 자동차다"를 입력한다.

2.4.5 플레이어의 Text UI

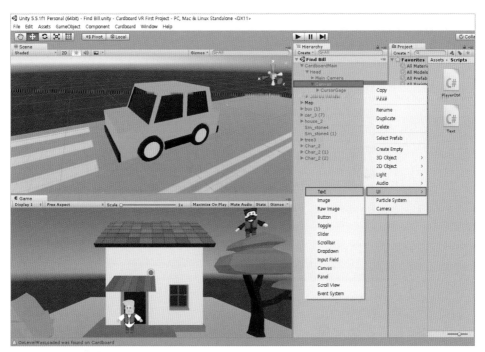

Player Text UI 추가

Canvas에서 우클릭 후 **UI 〉 Text**를 추가합니다.

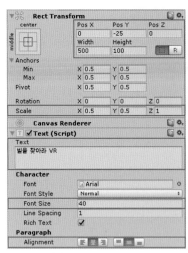

Text UI 설정

Text의 정보들을 위 그림과 같이 수정합니다.

Text UI 설정 완료

이제 화면처럼 Text가 보일 것입니다. PlayerCtrl 스크립트를 수정하여 바라본 캐릭터나 오브
젝트에 저장된 Text를 현재 UI의 Text에 출력해보겠습니다.

```csharp
using System.Collections;
using System.Collections.Generic;
using UnityEngine;
using UnityEngine.UI;

public class PlayerCtrl : MonoBehaviour {

    public Image CursorGageImage;
    // 커서 이미지를 저장하는 변수

    public Text TextUI;
    // UI의 Text를 저장하는 변수

    (. . .)

    // Update is called once per frame
    void Update () {
        Ray ray = Camera.main.ScreenPointToRay(ScreenCenter);
        // 카메라 중앙 좌표부터 레이를 생성
        RaycastHit hit;
        // ray가 충돌한 지점의 정보를 저장하는 변수

        CursorGageImage.fillAmount = GageTimer;
        // 커서 게이지 이미지의 fillAmount의 값은 GageTimer의 값과 같게 한다.

        if (Physics.Raycast(ray, out hit, 100.0f))
        // ray를 100.0f 거리까지 쏘아서 충돌 상태를 확인한다.
        {
        (. . .)

        if (hit.collider.CompareTag("Object"))
        // hit에 맞은 오브젝트의 Tag가 Object일 경우에만
        {
            GageTimer += 1.0f / 3.0f * Time.deltaTime;
            // 3초 동안 GageTimer를 1로 증가시킨다.
            if (GageTimer >= 1 || MagnetButton.Triggered)
            // GageTimer가 1 이상이거나 자석 버튼을 작동시키면
            {
                TextUI.text = hit.collider.GetComponent<ObjectText>().text;
                // TextUI의 text를 hit한 콜라이너늘 가신 오브젝트의
                // Text 컴포넌트(ObjectText)의 text로 변경한다.
                GageTimer = 0;
```

```
                         // 입력을 완료했으니 GageTimer를 0으로 한다.
                }
        }
    ]
    else
        GageTimer = 0;
        // ray에 아무것도 충돌하지 않으면 GageTimer를 0으로 한다.
    }
}


public Text TextUI;
// UI의 Text를 저장하는 변수
```

새롭게 만든 Text UI를 저장하는 변수입니다.

```
if (hit.collider.CompareTag("Object"))
// hit에 맞은 오브젝트의 Tag가 Object일 경우에만
{
    GageTimer += 1.0f / 3.0f * Time.deltaTime;
    // 3초 동안 GageTimer를 1로 증가시킨다.
    if (GageTimer >= 1 || MagnetButton.Triggered)
    // GageTimer가 1 이상이거나 자석 버튼을 작동시키면
    {
        TextUI.text = hit.collider.GetComponent<ObjectText>().text;
        // TextUI의 text를 hit한 콜라이더를 가진 오브젝트의
        // ObjectText 컴포넌트의 text로 변경한다.
        GageTimer = 0;
        // 입력을 완료했으니 GageTimer를 0으로 한다.
    }
}
```

기존 레이에 hit 충돌과 동일한 상태에서 확인하는 Tag가 Object인지 확인하고 그다음 TextUI가 가지고 있는 text의 문자열을 hit한 오브젝트의 ObjectText 스크립트에 저장된 text 문자열로 변경합니다.

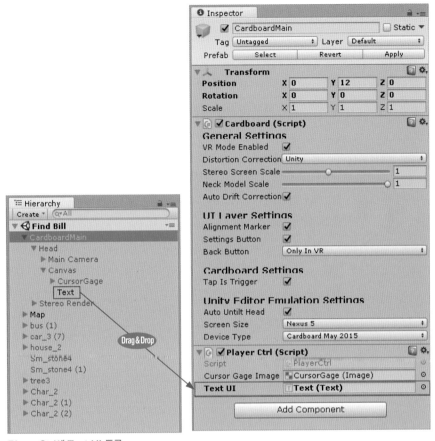

PlayerCtrl에 Text UI 등록

이제 **CardboardMain 〉 Canvas 〉 Text**를 TextUI에 끌어다 놓습니다.

추가 기능 테스트

그다음 재생(■) 버튼을 클릭하여 만든 코드를 테스트합니다.

2.4.6 배경음악

게임에는 배경음악이 필요할 것입니다. 매우 간단한 방법으로 추가하겠습니다.

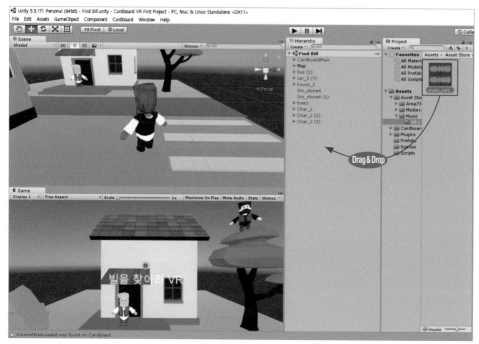

배경음악 추가

Asset Store 〉 Music 〉 MP3의 **music_cartoony_background**를 Hierachy 뷰에 끌어다 놓습니다.

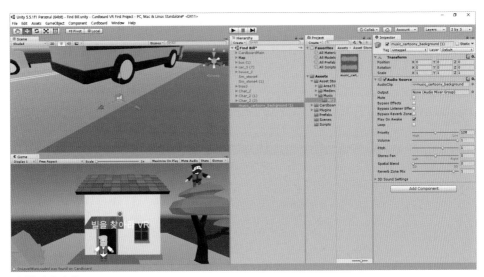

배경음악 추가 완료

화면같이 배경음악이 추가되었습니다. 재생하면 게임이 시작하면서 배경음악이 흘러나옵니다. 하지만 현재는 배경음악이 1회 재생 후 종료될 것입니다.

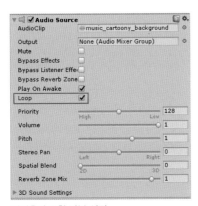

배경음악 무한 반복 설정

Loop를 체크해주면 배경음악은 무한 반복됩니다.

2.4.7 Scene 이동

마지막으로 기존에 만든 Scene을 타이틀 화면으로 사용하고, 타이틀에서 게임 화면으로 이동
하는 기능을 추가하겠습니다.

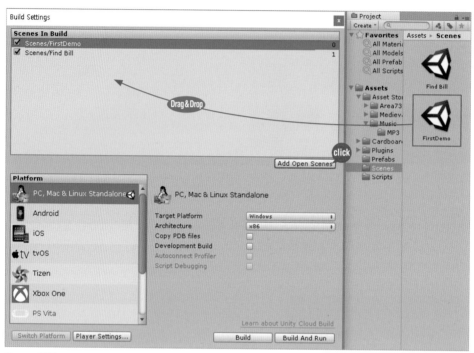

Scene 등록

먼저 **File 〉 Building Settings** 메뉴를 열어줍니다. 그다음 Scenes 폴더의 **FirstDemo**를
Scenes In Bulid에 끌어다 놓습니다. [**Add Open Scenes**] 버튼을 클릭하면 현재 편집 중인
Scene이 Scenes In Bulid에 들어갑니다. Scenes In Bulid의 각 Scene의 마지막에 있는 번
호가 이 게임의 Scene 번호입니다.

Scene 등록을 완료했으니 PlayerCtrl 스크립트를 수정하여 FirstDemo에서 Find Bill로 이
동하는 기능을 추가하겠습니다. 코드에서 빨간색 부분은 삭제해야 하는 부분입니다.

```
using System.Collections;
using System.Collections.Generic;
using UnityEngine;
using UnityEngine.UI;

public class PlayerCtrl : MonoBehaviour {

    (. . .)

    // Update is called once per frame
    void Update () {
        Ray ray = Camera.main.ScreenPointToRay(ScreenCenter);
        // 카메라 중앙 좌표부터 레이를 생성

        RaycastHit hit;
        // ray가 충돌한 지점의 정보를 저장하는 변수

        CursorGageImage.fillAmount = GageTimer;
        // 커서 게이지 이미지의 fillAmount의 값은 GageTimer의 값과 같게 한다.

        if (Physics.Raycast(ray, out hit, 100.0f))
        // ray를 100.0f 거리까지 쏘아서 충돌 상태를 확인한다.
            {
            if (hit.collider.CompareTag("Box"))
            // hit에 맞은 오브젝트의 Tag가 Box일 경우에만
            {
                GageTimer += 1.0f / 3.0f * Time.deltaTime;
                // 3초 동안 GageTimer를 1로 증가시킨다.
                if (GageTimer >= 1 || MagnetButton.Triggered)
                // GageTimer가 1 이상이거나 자석 버튼을 작동시키면
                {
                    hit.transform.gameObject.SetActive(false);
                    // ray에 맞은 게임 오브젝트를 끈다.

                    Application.LoadLevel(1);
                    // 1번 Scene을 불러온다.

                    GageTimer = 0;
                    // 입력을 완료했으니 GageTimer를 0으로 한다.
                }
            }
        }

        (. . .)
```

```
        }
        else
            GageTimer = 0;
            // ray에 아무것도 충돌하지 않으면 GageTimer를 0으로 한다.
    }
}

Application.LoadLevel(1);
// 1번 Scene을 불러온다.
```

Scenes In Bulid에 등록한 Scene을 불러오거나 Project 뷰의 Scene 파일의 이름으로 불러
올 수 있습니다.

FirstDemo Scene 열기

Scenes의 FirstDemo Scene을 열어줍니다.

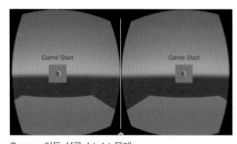

Scene 이동 성공, Light 문제

재생(▶) 버튼을 클릭하여 시작하고 큐브를 3초간 바라보거나 자석 버튼을 입력하면 Find
Bill Scene으로 이동합니다. 하지만 Find Bill Scene이 검게 보입니다. 현재 두 개의 Scene

에는 모두 Light가 없습니다.

유니티 엔진에서는 Light가 없어도 자동으로 Light를 그려줍니다. 하지만 Scene을 이동하면 Light를 그리는 시간이 없기 때문에 그림과 같은 문제가 발생한 것입니다.

그래서 Bake, 즉 '굽다'라는 의미의 Light를 구워서 빛을 유지하는 기능이 있습니다.

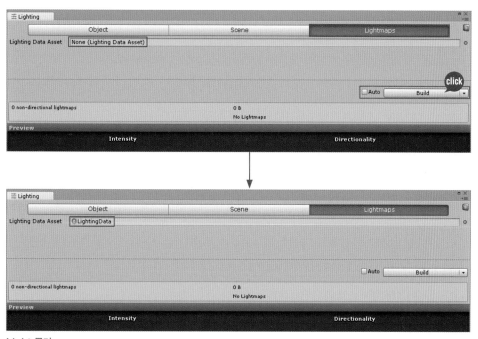

Light 굽기

Window 〉 Lighting에 들어가 Lightmaps를 누릅니다. 라이팅Lighting 뷰가 보일 것입니다. 하단의 Auto 체크를 해제하고 [Build]를 클릭합니다. Lighting Data Asset에 LightingData가 생겼습니다.

모든 Scene에 적용하고 테스트합니다.

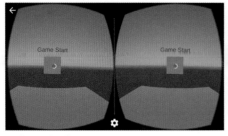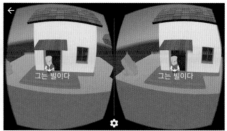

스마트폰 빌드 후 실행

PC 테스트 후 이전과 동일한 방법으로 스마트폰에 빌드 후 실행했습니다.

2.5 마치며

- 간단한 카드보드 VR 게임을 만들면서 스마트폰에 유니티 프로젝트를 빌드하는 방법을 알아
보았습니다.

- Script를 작성하는 방법을 알아보았습니다.

- Ray를 통한 입력을 구현해보았습니다.

- Canvas 컴포넌트를 이용한 3D UI를 구현해보았습니다.

- 에셋 스토어를 활용하는 방법을 알아보았습니다.

- Scene 이동을 구현해보았습니다.

- Light Bake를 알아보았습니다.

CHAPTER 3

삼성 기어 VR 게임 개발

삼성 기어 VR은 오큘러스 VR과 삼성의 합작품으로 삼성에서 하드웨어를, 오큘러스 VR에서는 소프트웨어를 제공합니다. 이번에는 Oculus Mobile 개발 환경을 구축하고 게임을 만들어보겠습니다. 기어 VR이 없는 분들은 개발 환경 구축은 생략하고 카드보드 SDK로 개발해도 무난하지만 조작은 앞의 내용을 참조하여 직접 구현해야 합니다.

3.1 Oculus Mobile 개발 환경 구축

3.1.1 Oculus Utilities for Unity 5 설치

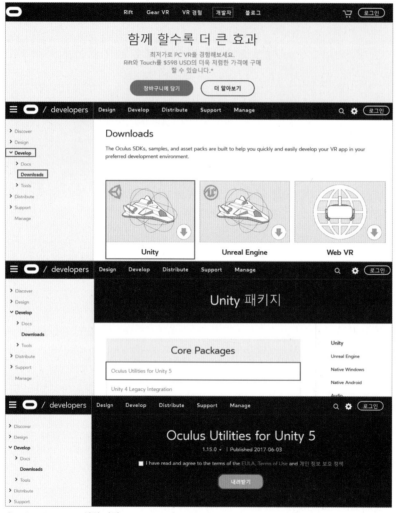

Oculus Utilities 설치 과정

오큘러스 홈페이지로 접속하여 위 화면을 따라 **Oculus Utilities**를 설치합니다.

URL https://www.oculus.com/

OculusUtilities.unitypackage

Oculus Utilities 유니티 패키지 파일

압축을 풀었으면 유니티 엔진을 실행하여 새로운 프로젝트를 생성합니다. 프로젝트명은 첫 번째로 만들 프로젝트인 GearVR Space Fighter로 생성합니다.

Oculus Utilities 패키지 구성

프로젝트를 생성했으면 Oculus Utilities 유니티 패키지 파일을 실행하고 [Import]를 클릭합니다.

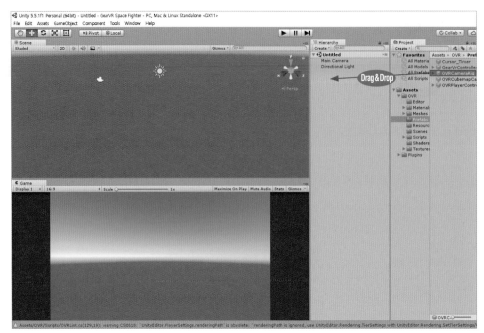

오큘러스용 VR 카메라 등록

Main Camera를 지우고 **OVRCameraRig**를 Hierarchy 뷰에 끌어다 놓습니다.

이제 기어 VR의 기본 개발 환경인 오큘러스 개발 환경이 완성되었습니다. 하지만 오큘러스 리프트를 연결하지 않으면 재생(▶) 버튼을 클릭해도 별도의 테스트는 불가능합니다.

3.1.2 Oculus 서명 파일 생성

기어 VR용 게임을 스마트폰에 빌드하기 위해서는 오큘러스 서명 파일을 생성해서 특정 경로에 넣은 후 빌드합니다.

서명 파일 생성을 위해서 생성 페이지를 엽니다.

URL https://dashboard.oculus.com/tools/osig-generator

생성 페이지를 열면 로그인을 요구하는데 오른쪽 상단에 있는 아이콘을 누릅니다.

가입하기를 누릅니다.

계정 만들기

Oculus 사용자 이름 ⑦

이름

성

이메일

이메일 확인

name@example.com

name@example.com

비밀번호 ⑦

비밀번호 확인

계정을 만들면 Oculus 서비스 약관 및 개인정보처리방침에 동의하게 됩니다.

취소   계정 만들기

오큘러스 회원가입

요구 사항을 입력하고 회원가입을 완료하고 로그인합니다. 그리고 이전의 서명 파일을 생성하는 페이지로 이동합니다.

오큘러스 서명 파일 생성 페이지

서명 파일 생성 페이지에서는 스마트폰의 **Device ID**를 요구합니다.

Gear VR Device ID 앱

가장 간단하게 Device ID를 알아보기 위해 구글 플레이 스토어에서 Gear VR Device ID라는 앱을 설치하고 실행합니다.

Gear VR Device ID 앱 실행 화면

그림과 같이 자신의 스마트폰의 Device ID를 확인할 수 있습니다.

서명 파일 다운로드

다시 서명 파일 생성 페이지에 자신의 Device ID를 입력하고 [**Download File**]을 클릭합니다.

오큘러스 서명 파일

생성된 서명 파일은 프로젝트 폴더 아래 Assets\Plugins\Android\assets 경로에 끌어다 놓습니다. 혹시 Plugins 폴더 안에 Android\assets 경로가 없다면 만든 후 끌어다 놓습니다.

3.1.3 기어 VR 개발자 모드

기어 VR 개발자 모드는 스마트폰을 VR 기기에 연결하지 않고 실행하는 모드입니다. 편리한 테스트를 위해 설정 방법을 알아보겠습니다. 이미 기어 VR에 연결하고 Oculus 앱이 설치된 스마트폰이어야 합니다.

기어 VR 개발자 모드 활성화

설정 〉 애플리케이션 관리 〉 **Gear VR Service** 〉 저장공간 〉 저장공간 관리를 터치합니다. 그다음에는 **VR Service Version**을 여섯 번 터치하고 개발자 모드를 활성화합니다.

개발자 모드가 활성화되면 화면 색이 변하고 기어 VR 연결 없이 전용 앱을 스마트폰에서 플레이할 수 있습니다. 개발자 모드는 화면이 변하기 때문에 개발 중에만 사용합니다.

3.1.4 스마트폰에 빌드

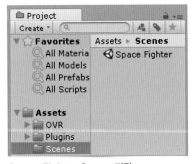

Space Fighter Scene 저장

오큘러스 개발 환경을 구축한 Scene을 Scenes 폴더를 생성 후 저장합니다.

기어 VR Bulid Settings

스마트폰을 PC에 연결하고 **File 〉 Build Settings** 창을 엽니다. **Android**를 선택한 후 [**Switch Platform**]을 누르고 Texture Compression을 ETC2(GLES 3.0)으로 변경합니다. [**Build And Run**]을 누르고 apk 파일명을 정한 후 저장하고 빌드합니다.

오큘러스 서명 파일 오류 화면

빌드가 완료되고 오류 화면이 실행된다면 오큘러스 서명 파일 생성을 잘못했을 것입니다. 다시 Device ID를 확인 후 서명 파일을 생성합니다.

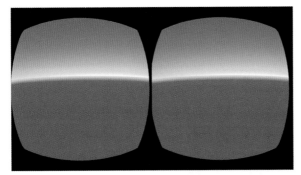

기어 **VR** 최초 빌드 실행

서명 파일도 맞고 정상적으로 빌드했으면 유니티 로고가 나온 후 위 화면이 나올 것입니다.

이렇게 기어 VR 개발 환경 구축이 완료되었습니다.

3.2 우주 슈팅 게임 〈스페이스 파이터〉

이제 기어 VR용 슈팅 게임을 개발해보겠습니다. 우주에서 전투기를 타고 다가오는 외계인들을 쓰러뜨리는 게임입니다.

3.2.1 게임 소개

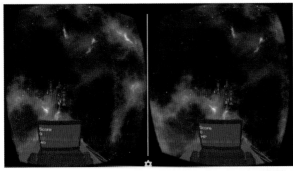

게임 시작 화면

기본 게임 시작 화면입니다. 전투기에 탑승한 느낌의 슈팅 게임이고 조종석 화면에는 Score와 HP를 표시하고 있습니다. 그리고 조준할 수 있는 조준 레이저가 있습니다.

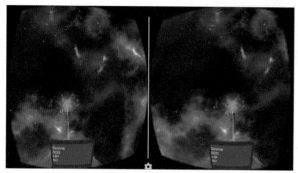

레이저 발사와 적중

기어 VR 터치패드를 터치하면 조준 레이저 방향으로 레이저를 발사합니다. 레이저가 외계인에 맞으면 녹색 이펙트가 발생하고 외계인에게 10대미지를 입힙니다. 외계인의 체력이 다하면 사라지고 Score 100점을 얻습니다.

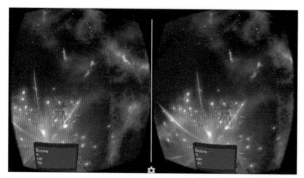

외계인의 공격

외계인이 일정 거리에 다가오게 되면 플레이어를 공격하고 붉은 이펙트를 발생하고 10대미지를 입힌 후 사라집니다. HP가 0이 되면 게임이 재시작됩니다.

3.2.2 게임에서 사용할 에셋 설치

유니티 에셋 스토어에 들어가서 아래의 에셋을 모두 설치하거나 한빛미디어 사이트에서 예제
소스를 다운로드합니다. 모든 에셋은 Asset Store 폴더를 생성 후 그 안에 끌어다 놓습니다.
에셋에 따라 일부만 [Import]하겠습니다.

주인공 기체와 적 캐릭터 에셋

Sci-Fi Spaceship Omega Fighter에서는 model 폴더, texture 폴더, Alien Character에
서는 animation 폴더, Materials 폴더, Mesh 폴더, texture 폴더를 [Import]합니다.

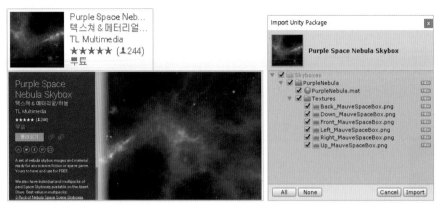

우주 배경 에셋

모두 임포트합니다.

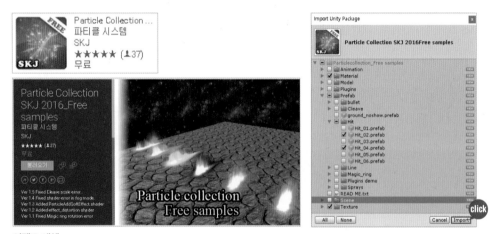

이펙트 에셋

Material 폴더, Texture 폴더, **Prefabs 〉 Hit 〉 Hit_02, Hit_04**를 [Import]합니다.

배경과 효과음 사운드 에셋

DEMO Energy Rock Pack에서는 **Fatality Racer_demo.wav**, Laser Construction Kit에서는 **Short bursts 〉 UL_Short_burst_1.wav**를 [Import]합니다.

3.2.3 Scene 디자인

이번에는 하늘을 먼저 변경하겠습니다. 유니티 엔진에서 사용되는 기본 하늘은 Skybox라고 합니다. 그 후에는 플레이어가 전투기에 타고 있는 상태까지 만들겠습니다.

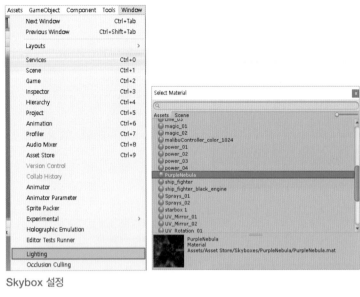

Skybox 설정

Window 〉 Lighting 창을 열고 **Skybox**를 클릭하여 **PurpleNebula**를 선택합니다.

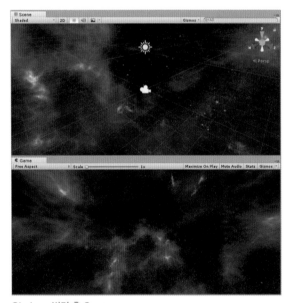

Skybox 변경 후 Scene

Skybox를 우주 배경으로 변경했습니다.

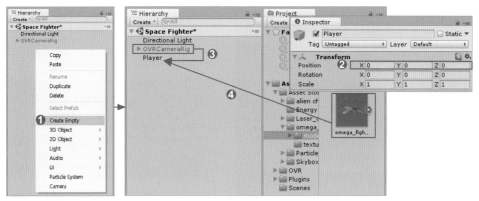

플레이어 추가

❶ 빈 오브젝트를 생성합니다. **GameObject**의 이름을 Player로 변경합니다.

❷ **Player**의 Position을 (0, 0, 0)으로 변경합니다.

❸ **OVR CameraRig**를 Player에 끌어다 놓습니다.

❹ **Asset Store 〉 omega_fighter01 〉 model 〉 omega_fighter**를 Player에 끌어다 놓습니다.

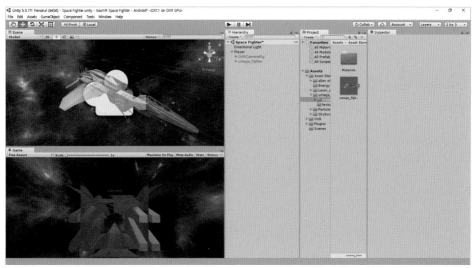

플레이어 생성 완료

플레이어 생성이 완료되었습니다.

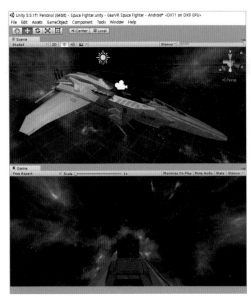
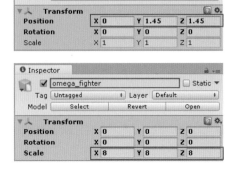

플레이어 설정 완료

플레이어 구성의 각 Inspector를 설정하겠습니다. **OVR CameraRig**의 Position은 (0, 1.45, 1.45)로 변경합니다. **omega_fighter**의 Scale은 (8, 8, 8)로 변경합니다. 플레이어가 전투기에 타고 있는 형태가 완성되었습니다.

3.2.4 UI 디자인

플레이어의 Score와 HP의 상태를 보여주는 UI를 생성하겠습니다.

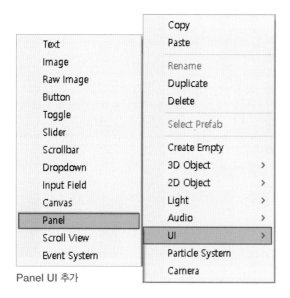

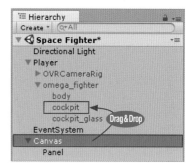

Panel UI 추가

Hierarchy 뷰에서 우클릭 후 **UI 〉 Panel**을 생성합니다. 생성 후 **Canvas**를 Player 〉
omega_fighter 〉 cockpit에 끌어다 놓습니다.

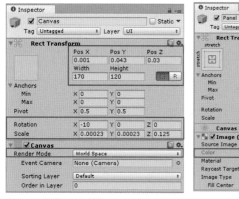

Canvas와 Panel 설정

Canvas의 Render Mode를 **World Space**로 변경 후 Rect Transform, Rotation, Scale를
그림과 같이 설정하고 Panel의 Color를 파란색으로 합니다.

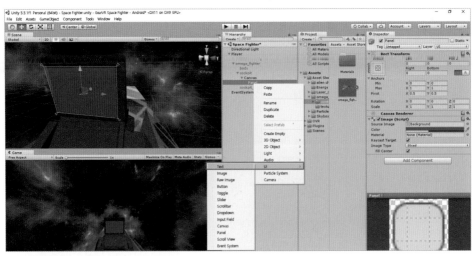

Text UI 추가

Panel에 우클릭 후 **UI 〉 Text**를 추가합니다.

Text UI 설정

Text의 Rect Transform에 Width를 170, Height를 100으로 변경합니다.

Text에 그림과 같이 한 칸씩 띄워 작성합니다. Font Size는 20, Color는 흰색으로 합니다.

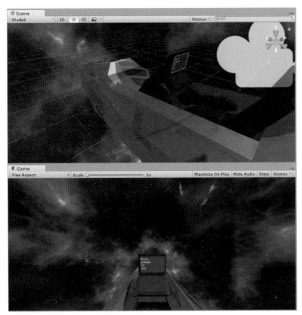

UI 완성

플레이어의 UI를 완성했습니다.

3.2.5 플레이어의 기본 조작

플레이어의 조작을 구현해보겠습니다.

정리를 위한 폴더 생성

먼저 정리할 폴더들을 만듭니다. **Assets 〉 Materials, Prefabs, Scripts** 폴더를 추가합니다.

다음 Hierarchy 뷰에서 **Player**를 우클릭 후 빈 오브젝트를 생성합니다.

FirePos 생성

오브젝트의 이름을 FirePos로 변경합니다. 플레이어가 총알을 발사하는 시작점입니다.

빈 오브젝트의 모습

빈 오브젝트는 조작을 할 때 정확한 위치를 파악하기가 힘듭니다. 그래서 이것을 시각화하기 위한 3D Gizmo를 그리는 스크립트를 작성하겠습니다. 다음과 같이 스크립트 파일을 만들고 내용을 작성합니다.

MyGizmo 스크립트 생성

예제 **MyGizmo.cs** 전체 소스 코드

```csharp
using System.Collections;
using System.Collections.Generic;
using UnityEngine;

public class MyGizmo : MonoBehaviour {

    public Color color = Color.green;
    // 색을 저장하는 변수

    public float radius = 0.1f;
    // 반지름을 저장하는 변수

    // Gizmo를 그리는 함수
    void OnDrawGizmos()
    {
        Gizmos.color = color;
        // Gizmo의 색을 color 변수의 색으로 한다.

        Gizmos.DrawSphere(transform.position, radius);
        // Gizmo를 Sphere 형태로 현재 위치에 반지름 사이즈로 그린다.
    }
}
```

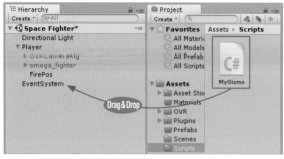 

MyGizmo가 적용된 FirePos

작성이 완료된 **MyGizmo**를 FirePos에 끌어다 놓습니다. 그다음 FirePos를 보면 위와 같은
시각화된 모습을 볼 수 있습니다. 직접 조작하여 전투기 앞에 놓습니다.

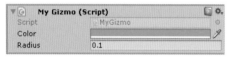

MyGizmo 컴포넌트

MyGizmo 스크립트는 필요한 오브젝트에 적용 후 색상과 반지름을 자유롭게 조작하여 사용
할 수 있습니다.

현재 FirePos는 어디를 조준하는지 알 수 없습니다. 시각화된 조준점을 추가하겠습니다.

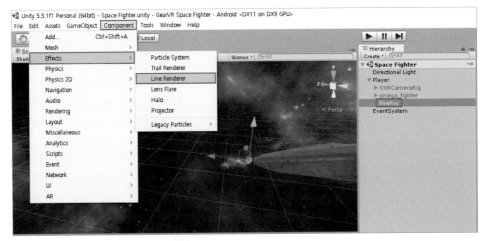

조준점 시각화를 위한 Line Renderer 생성

레이저 포인터를 만들기 위해 **FirePos**를 누른 후 **Component 〉 Effects 〉 Line Renderer**를
생성합니다.

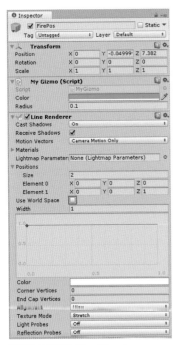

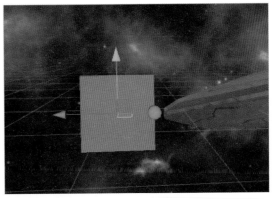

기본으로 생성된 Line Renderer

FirePos의 LineRenderer의 Use World Space를 체크 해제합니다. 그럼 FirePos가 화면 같은 분홍색 Line을 그립니다. 지금 상태에서 Color를 조작하면 아무런 변화가 없는데, Line 이 아무런 색을 가지지 않은 상태이기 때문입니다. 먼저 색을 넣어준 후 레이저 형태의 조준점 으로 만들어보겠습니다.

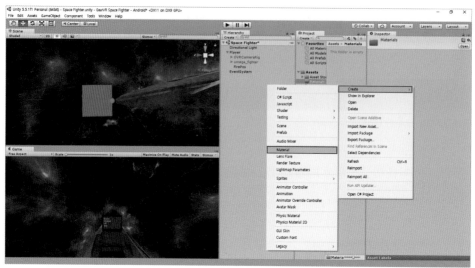

Renderer용 Material 생성

Materials 폴더에 우클릭 후 **Create > Material**을 생성합니다. 이름은 RendererColor로 합 니다.

RendererColor 설정

RendererColor의 **Shader**를 **Particles 〉 Additive**로 변경합니다.

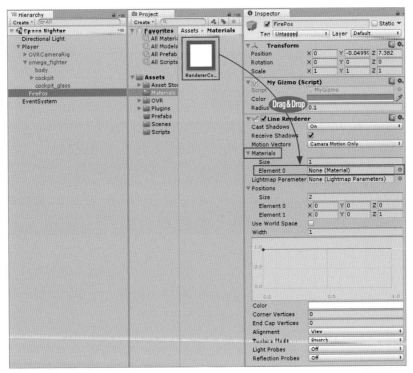

FirePos LineRenderer에 RendererColor 적용

FirePos의 LineRenderer 〉 Materials 〉 Element 0에 **RendererColor**를 끌어다 놓습니다. 그다음 Color를 자유롭게 변경하여 색을 바꿉니다. 책에서는 붉은색 계열로 바꿨습니다.

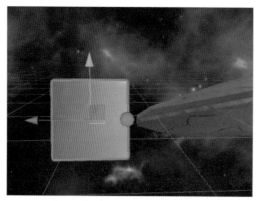

RendererColor가 적용된 LineRenderer

이제 LineRenderer의 세부 설정을 하여 레이저 포인터처럼 보이게 하겠습니다.

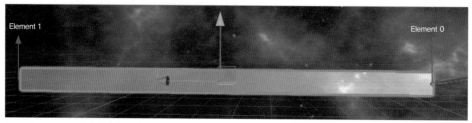

Line Renderer의 시작점과 끝점

Positions에 Element 0, 1의 값을 위 그림과 같이 각각 (0, 0, 0), (0, 0, 20)으로 입력합니다. Element의 각 점의 위치에 따라 Line을 생성합니다.

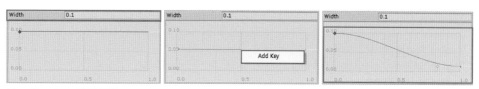

Line Renderer의 폭 조정

Width의 값을 0.1로 바꿔줍니다. 그리고 빨간 선을 우클릭하고 **Add Key**를 클릭하여 Key를 추가하고 세 번째 그림과 같이 조작합니다.

폭이 변화하는 선

그럼 그림과 같이 라인의 폭이 0.1에서 0까지 서서히 줄어듭니다.

이제 레이저 포인터가 플레이어 머리 회전과 동일하게 따라오게 스크립트를 작성하겠습니다.

PlayerCtrl 스크립트 생성

지금까지 했던 것처럼 스크립트 파일을 먼저 생성합니다.

```
using System.Collections;
using System.Collections.Generic;
using UnityEngine;

public class PlayerCtrl : MonoBehaviour {

    public Transform Head;
    // 플레이어 Head의 위치, 회전 값을 가져오기 위한 변수

    public Transform FirePos;
    // FirePos의 위치, 회전 값을 가져오기 위한 변수

    // Use this for initialization
    void Start () {

    }

    // Update is called once per frame
    void Update () {
        FirePos.rotation = Head.rotation;
        // FirePos의 회전 값을 플레이어 Head의 회전 값으로 한다.
    }
}
```

코드를 보면 Head에 플레이어가 머리를 돌릴 때 변화할 카메라의 회전 값을 FirePos의 회전 값에 넣는 것으로 머리를 돌려 적을 조준할 수 있게 됩니다.

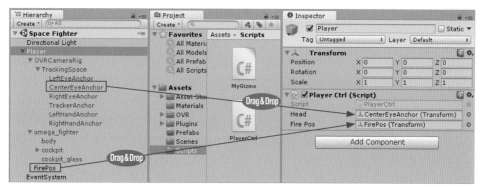

PlayerCtrl 스크립트 적용

Player에 PlayerCtrl 스크립트를 적용하고 Head에 **Player 〉 OVRCameraRig 〉 CenterEye Anchor**를, Fire Pos에 **FirePos**를 끌어다 놓습니다. 유니티 엔진에서는 테스트가 불가능하기 때문에 스마트폰에 빌드 후 테스트하거나 카드보드 SDK로 테스트할 수 있습니다.

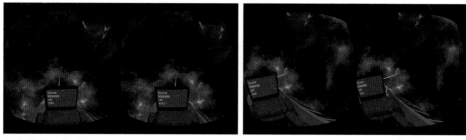

스마트폰 빌드 후 테스트

빌드 후 직접 기어 VR에 장착하거나 개발자 모드로 테스트하면 레이저 포인터가 머리의 움직임에 맞춰 움직입니다.

3.2.6 플레이어의 총알 발사

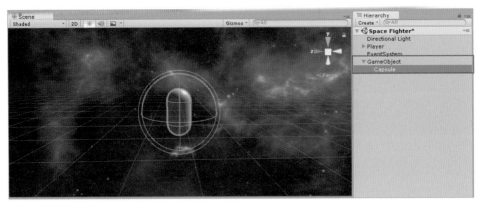

빈 오브젝트와 캡슐 오브젝트 생성

Hierarchy 뷰에 우클릭 후 빈 오브젝트를 생성합니다. 그다음 빈 오브젝트를 우클릭 후 **3D Object 〉 Capsule**을 선택하여 Capsule 오브젝트를 생성합니다.

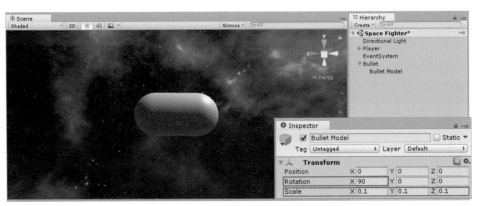

Bullet 설정 – 1

빈 오브젝트 이름은 Bullet으로, Capsule의 이름은 Bullet Model로 이름을 변경 후 Bullet Model의 Transform을 위 그림과 같이 설정합니다.

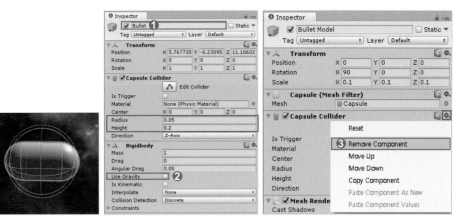

Bullet 설정 - 2

❶ Bullet에 **Add Component**를 누른 후 **Capsule Collider**와 **Rigidbody**를 추가합니다.

❷ Capsule Collider의 Radius와 Height를 조작하고 Rigidbody의 **Use Gravity**를 꺼줍니다.

❸ Bullet Model에 Capsule Collider는 사용하지 않으니 지워줍니다.

여기서 **강체**rigidbody는 콜라이더의 형태에 따라 오브젝트들이 현실적으로 물리작용을 할 수 있게 하는 컴포넌트입니다. 물리학에서는 리지드바디라고 음차하기도 합니다. 오브젝트에 Rigidbody가 생긴 순간부터 물리 작용을 시작하고 다른 Rigidbody가 적용된 오브젝트와 부딪히면 튕기거나 Use Gravity가 켜져 있다면 바닥에 떨어질 때까지 낙하할 것입니다.

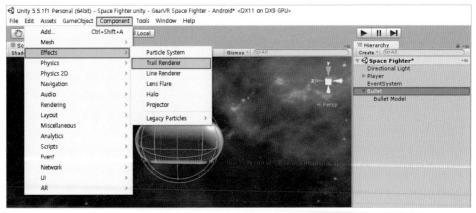

레이저 이펙트를 위한 Trail Renderer 생성

총알의 레이저 형태의 이펙트를 표현하기 위해서 **Bullet**을 선택한 후 **Component 〉 Effects 〉 Trail Renderer**를 추가합니다.

기본적으로 적용된 Trail Renderer

기본적으로 Trail Renderer가 적용된 Bullet의 포지션을 움직여보면 분홍 궤적을 남기면서 움직입니다. 이것이 Trail Renderer입니다. Line Renderer처럼 직접 조작하여 Bullet이 날 아갈 때 녹색 레이저 같은 느낌의 궤적을 남기게 하겠습니다.

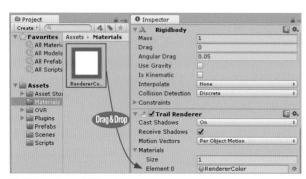

Trail Renderer 설정 - 1

Line Renderer에 사용했던 **RendererColor**를 Trail Renderer의 Materials 〉 Element 0 에 끌어다 놓습니다.

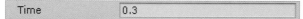

Trail Renderer 설정 - 2

Time은 Trail Renderer가 그려진 지점의 유지되는 시간입니다. 시간이 길수록 총알의 궤적은 길고 오래 유지될 것입니다.

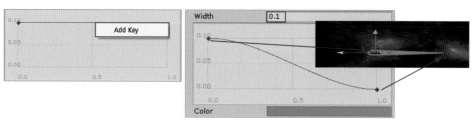

Trail Renderer 설정 - 3

Width의 그래프에 우클릭 후 **Add Key**를 클릭하여 Key를 추가합니다. 그래프를 그림과 같이 조작하고 Width를 0.1로 합니다. 그래프의 Trail Renderer 사이즈 변화는 위 그림과 같습니다. Color는 초록색으로 합니다. 그다음 직접 Bullet을 조작하면 초록 레이저 느낌의 궤적을 그립니다.

BulletCtrl 스크립트 생성

Bullet의 형태를 완성했으니 Scripts에 BulletCtrl 스크립트를 생성 우 송알이 날아가노록 스크립트를 작성하겠습니다.

```
using System.Collections;
using System.Collections.Generic;
using UnityEngine;

public class BulletCtrl : MonoBehaviour {

    public float BulletSpeed;
    // 총알이 날아가는 속도를 저장하는 변수

    // Use this for initialization
    void Start () {
        Destroy(gameObject, 2.0f);
        // 총알이 생성된 후 2초 뒤에 제거한다.
    }

    // Update is called once per frame
    void Update () {
        transform.position += transform.forward * BulletSpeed * Time.deltaTime;
        // 총알은 매 초 BulletSpeed 수치만큼 날아간다.
    }
}
```

```
Destroy(gameObject, 2.0f);
// 총알이 생성된 후 2초 뒤에 제거한다.
```

Destroy 함수는 오브젝트를 제거하는 기능을 수행합니다. 기본적인 사용법은 Destroy(제거할 오브젝트, 지정 시간)입니다. 지정 시간을 넣지 않으면 함수 호출 시 바로 오브젝트가 제거됩니다. 위 코드에서는 2초 후 자기 자신을 제거하게 설정했습니다.

```
transform.position += transform.forward * BulletSpeed * Time.deltaTime;
// 총알은 매 초 BulletSpeed 수치만큼 날아간다.
```

위 코드는 현재 오브젝트가 가지고 있는 Transform의 Position에 지속적으로 값을 더해주는 기능을 수행합니다. **transform.forward**는 Vector3 변수의 (0, 0, 1) 값에 BulletSpeed를 곱해서 (0, 0, 15)를 지속적으로 더합니다. 여기서 **Time.deltaTime**은 이전 프레임과 다음 프레임 사이의 시간을 반환합니다. 예를 들어 게임의 프레임이 60프레임이라면 초당 15를 60번 나눠서 더해주는 방식으로 작동합니다.

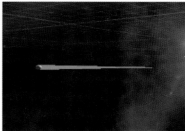

총알에 BulletCtrl 스크립트 적용

BulletCtrl 스크립트를 Bullet에 끌어다 놓습니다. 재생(▶) 버튼을 클릭해보면 총알이 자동으로 정면을 향해 날아갈 것입니다.

기어 VR 터치패드

이제 기어 VR 터치패드에 입력하면 총알이 나가게 PlayerCtrl 스크립트를 수정하겠습니다.

예제 PlayerCtrl.cs 총알 발사 코드를 추가한 전체 소스 코드

```csharp
using System.Collections;
using System.Collections.Generic;
using UnityEngine;

public class PlayerCtrl : MonoBehaviour {
```

```
public Transform Head;
// 플레이어 Head의 위치, 회전 값을 가져오기 위한 변수

public Transform FirePos;
// FirePos의 위치, 회전 값을 가져오기 위한 변수

public GameObject Bullet;
// 총알 오브젝트를 가져오기 위한 변수

// Use this for initialization
void Start () {

}

// Update is called once per frame
void Update () {
    FirePos.rotation = Head.rotation;
    // FirePos의 회전 값을 플레이어 Head의 회전 값으로 한다.

    if (Input.GetMouseButtonDown(0))
    // 마우스 왼쪽 버튼을 클릭하면 또는 기어 VR에서는 터치패드를 터치하면
    {
        Fire();
        // 총알을 발사하는 함수를 불러온다.
    }
}

// 총알을 발사하는 함수
void Fire()
{
    Instantiate(Bullet, FirePos.position, FirePos.rotation);
    // FirePos의 Position과 Rotation의 위치에 Bullet을 생성한다.
}
}
```

이 코드에 추가된 Fire 함수가 무엇이고 어떤 역할을 하는지 살펴보겠습니다.

```
if (Input.GetMouseButtonDown(0))
// 마우스 왼쪽 버튼을 클릭하면 또는 기어 VR에서는 터치패드를 터치하면
{
    Fire();
    // 총알을 발사하는 함수를 불러온다.
```

```
}
```

기어 VR의 터치패드는 PC의 마우스와 동일한 입력을 받습니다. 즉 앞의 코드에서 **Input. GetMouseButtonDown(0)**은 마우스의 우클릭과 기어 VR 터치패드 터치 입력에 대해 동일한 작동을 합니다. 입력을 받으면 Fire()라는 **사용자 정의 함수**를 호출합니다. 사용자 정의 함수란 언어에서 제공하는 기본 함수가 아니라 직접 작성한 함수라는 의미입니다.

```
void Fire()
{
    Instantiate(Bullet, FirePos.position, FirePos.rotation);
    // FirePos의 Position과 Rotation의 위치에 Bullet을 생성한다.
}
```

여기서 Fire 함수는 총알을 발사하는 기능을 수행합니다. 함수 내부에 사용된 **Instantiate** 함수는 오브젝트를 생성합니다. 사용 방법에는 여러 형태가 있으나 위 코드에서는 Instantiate(생성할 오브젝트, 생성할 오브젝트의 Position, 생성할 오브젝트의 Rotation) 형태로 사용했습니다. 총알이 FirePos의 위치 값과 회전 값을 받아서 생성됩니다.

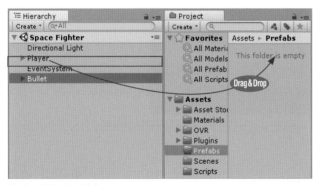

Bullet의 Prefab화

스크립트 작성을 완료했으니 먼저 총알을 Prefab화하기 위해 **Bullet**을 Prefabs 폴더에 끌어다 놓습니다.

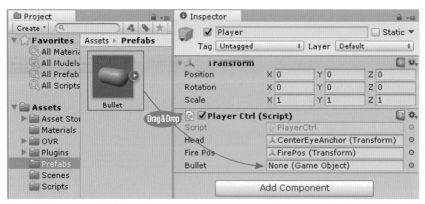

Bullet을 PlayerCtrl에 등록

Prefab화된 **Bullet**을 Player의 PlayerCtrl 스크립트의 Bullet에 끌어다 놓고 등록합니다. 테스트를 위해 스마트폰에 빌드합니다.

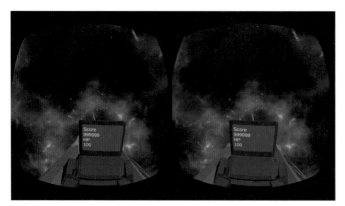

총알 발사 테스트

스마트폰에 빌드 후 게임 화면이 켜지면 직접 돌아보면서 터치하며 총알을 발사해봅니다. 엔진 상에서도 테스트 시 화면을 클릭하면 총알을 발사합니다.

3.2.7 적 캐릭터의 이동과 공격

이제 총알에 맞으면 대미지를 입고 플레이어에게 가까이 다가오면 공격을 하고 사라지는 적 외
계인을 만들어보겠습니다.

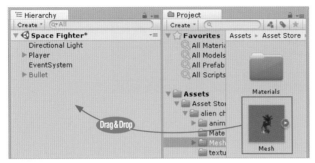

적 캐릭터 추가

Asset Store 〉 ailen character 〉 Mesh 폴더의 **Mesh**를 Hierarchy 뷰에 끌어다 놓습니다.

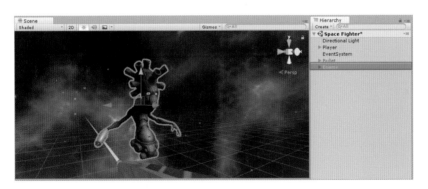

Mesh의 이름을 Enemy로 변경하고
잘 보이는 위치에 둔 다음, Rotation의
Y를 180으로 하여 플레이어를 바라보
게 합니다.

적 캐릭터 설정 - 1

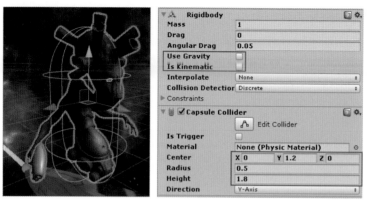

적 캐릭터 설정 - 2

Rigidbody와 Capsule Collider를 추가합니다. 중력은 사용하지 않으니 Rigidbody의 Use Gravity를 체크 해제합니다. Capsule Collider는 Edit Collider를 이용하거나 그림과 같이 조정합니다.

EnemyCtrl 스크립트 생성

이제 적 캐릭터의 모습이 준비되었으니 이동과 공격을 만들기 위해 EnemyCtrl 스크립트를 생성합니다.

```csharp
using System.Collections;
using System.Collections.Generic;
using UnityEngine;

public class EnemyCtrl : MonoBehaviour {

    public int HP = 50;
    // 몬스터의 HP를 저장하는 변수

    public float MoveSpeed = 2.0f;
    // 몬스터의 이동 속도를 저장하는 변수

    private float DistanceToPlayer;
    // 몬스터와 플레이어 사이의 거리를 저장할 변수

    // Use this for initialization
    void Start () {
    }

    // Update is called once per frame
    void Update () {
        DistanceToPlayer = Vector3.Distance(transform.position, Vector3.zero);
        // 몬스터와 플레이어 사이의 거리를 구해서 DistanceToPlayer 변수에 저장한다.
        // 플레이어의 위치는 (0, 0, 0)이기 때문에 Vector3.zero를 사용했다.

        if (DistanceToPlayer > 5.0f)
        // DistanceToPlayer가 5.0보다 크면
        {
            Move();
            // 이동 함수를 불러온다.
        }
        else
            // 아닐 경우
        {
            StartCoroutine(Attack());
            // 공격 코루틴 함수를 불러온다.
        }
    }

    // 몬스터가 이동하는 함수
    void Move()
    {
```

```
    transform.LookAt(Vector3.zero);
    // 몬스터는 플레이어 방향을 바라본다.

    transform.position += transform.forward * MoveSpeed * Time.deltaTime;
    // 몬스터는 초당 MoveSpeed의 거리를 이동한다.
}

// 몬스터가 공격하는 함수
IEnumerator Attack()
{
    yield return new WaitForSeconds(0.3f);
    // 0.3초간 대기 후

    Destroy(gameObject);
    // 자기 자신을 제거한다.
}
}
```

```
DistanceToPlayer = Vector3.Distance(transform.position, Vector3.zero);
// 몬스터와 플레이어 사이의 거리를 구해서 DistanceToPlayer 변수에 저장한다.
// 플레이어의 위치는 (0, 0, 0)이기 때문에 Vector3.zero를 사용했다.
```

Vector3.Distance는 거리와 거리 사이의 값을 반환하는 기능입니다. 위 코드를 사용하면 몬스터의 현재 위치와 플레이어의 위치 (0, 0, 0)의 사이 값, 즉 몬스터와 플레이어 사이의 거리를 Update할 때마다 알게 됩니다.

```
if (DistanceToPlayer > 5.0f)
// DistanceToPlayer가 5.0보다 크면
{
    Move();
    // 이동 함수를 불러온다.
}
else
    // 아닐 경우
{
    StartCoroutine(Attack());
    // 공격 코루틴 함수를 불러온다.
}
```

플레이어와 적 캐릭터의 사이 값을 계속 확인하여 5.0보다 크면 계속 움직이게 하다가 작아지면 움직이지 않고 공격을 합니다. 이때 코루틴 함수를 사용하는데 이에 대해선 뒤에서 다시 살펴보도록 하겠습니다.

```csharp
// 몬스터가 이동하는 함수
void Move()
{
    transform.LookAt(Vector3.zero);
    // 몬스터는 플레이어 방향을 바라본다.

    transform.position += transform.forward * MoveSpeed * Time.deltaTime;
    // 몬스터는 초당 MoveSpeed의 거리를 이동한다.
}
```

이동은 총알과 다른 것이 없으나 LookAt이라는 함수를 사용한 것을 볼 수 있습니다. **transform.LookAt**은 현재 오브젝트가 지정된 위치를 바라보도록 회전시키는 기능입니다. 적 캐릭터가 일직선으로 움직이기 때문에 지속적으로 플레이어 위치를 향해 움직이게 만들었습니다.

```csharp
IEnumerator Attack()
{
    yield return new WaitForSeconds(0.3f);
    // 0.3초간 대기 후

    Destroy(gameObject);
    // 자기 자신을 제거한다.
}
```

여기에서는 일정 시간을 대기하는 기능을 넣기 위해 **코루틴**coroutine 함수를 사용했습니다. 게임 프로그래밍은 수많은 게임 오브젝트가 상호작용하므로 동시성을 구현하는 것이 중요한데, 유니티에서는 이 동시성을 코루틴 함수로 구현합니다. 코루틴을 이용하면 어떤 함수를 몇 초마다 반복 실행하거나 몇 초를 기다렸다가 실행하는 등의 일이 간단해집니다. 코루틴 함수를 생성할 때에는 항상 IEnumerator로 함수를 만들고 yield return 값이 무조건 있어야 합니다.

위 코드에서는 나중에 적 캐릭터가 공격을 하는 애니메이션을 추가할 것이고 공격 모션은 취하고 적 캐릭터가 사라져야 자연스러울 것입니다. 그래서 0.3초를 내기하고 사라지게 만들었습니다.

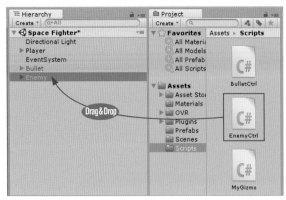

적 캐릭터에 **EnemyCtrl** 스크립트 적용

EnemyCtrl을 Enemy에 끌어다 놓습니다. 이번에는 빌드하지 않아도 엔진상에서 테스트가 가능합니다.

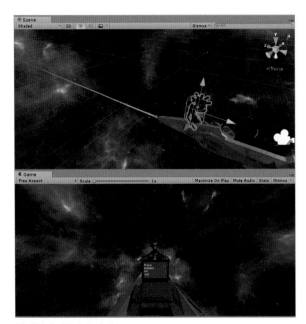

적 캐릭터 이동과 공격 테스트

Enemy를 플레이어로부터 멀리 이동시킵니다. 그다음 엔진상에서 테스트를 진행하면 적 캐릭터가 플레이어에게 일정 거리까지 다가와서 멈춘 후 0.3초 뒤 사라집니다.

3.2.8 플레이어의 상태

PlayerCtrl 스크립트를 수정하여 플레이어의 HP와 Score를 추가하고 UI의 문구에 현재 상태
가 표시되도록 하겠습니다.

예제 **PlayerCtrl.cs HP와 Score를 추가하고 UI에 현재 상태를 표시하는 소스 코드**

```
using System.Collections;
using System.Collections.Generic;
using UnityEngine;
using UnityEngine.UI;

public class PlayerCtrl : MonoBehaviour {

    public int HP;
    // 플레이어의 HP를 저장하는 변수

    public int Score;
    // 플레이어의 Score를 저장하는 변수

    (. . .)

    // Use this for initialization
    void Start () {
        HP = 50;
        // 시작 HP 50

        Score = 0;
        // 시작 Score 0

        StateUpdate();
        // 현재 상태를 업데이트한다.
    }

    (. . .)

    // 현재 상태를 업데이트하는 함수 (다른 스크립트에서 사용 가능)
    public void StateUpdate()
    {
        StateText.text = " Score\n "
            + Score + "\n"
            + " HP\n "
            + HP;
```

```
        // UI의 text를 현재 Score와 HP 값을 넣어서 변경한다.
    }
}
```

위 코드를 보면 StateUpdate라는 함수를 추가했습니다. UI에 현재 Score와 HP를 표시하는 함수입니다.

```
// 현재 상태를 업데이트하는 함수 (다른 스크립트에서 사용 가능)
public void StateUpdate()
{
    StateText.text = " Score\n "
        + Score + "\n"
        + " HP\n "
        + HP;
    // UI의 text를 현재 Score와 HP 값을 넣어서 변경한다.
}
```

StateUpdate 함수는 public으로 만들었습니다. 나중에 적 캐릭터가 죽으면서 점수를 넘겨주거나 HP에 대미지를 입힐 때에만 이 함수를 호출해 UI를 변경하기 위해서입니다. 별도의 함수로 만들지 않고 이 코드를 그냥 Update 함수 안에 집어넣을 수도 있지만, 그렇게 하면 점수가 바뀌지 않을 때에도 계속 UI의 text를 호출하여 무의미하게 자원을 사용하게 되므로 위와 같이 따로 만들었습니다.

text에 문자열을 할당하는 부분의 코드가 낯설어 보일 수 있는데, 프로그래밍 언어를 배운 경험이 있는 사람들은 바로 알 것입니다. \n은 엔터 키를 한 번 누른 것과 같습니다. 그리고 텍스트에 바로 변수로 선언되어 있는 Score와 HP도 불러와서 적용할 수 있습니다.

PlayerCtrl에 플레이어 상태 **UI Text** 적용

스크립트를 저장하고 **Player > omega_fighter > cockpit > Canvas > Panel > Text**를 PlayerCtrl의 State Text에 끌어다 놓습니다.

플레이어 상태가 적용된 UI

테스트를 진행하면 초기화된 점수와 HP를 볼 수 있습니다.

3.2.9 적 캐릭터의 대미지 처리

적 캐릭터가 총알에 맞아 대미지를 입도록 하겠습니다. 여기서 적은 대미지를 입으면 0.3초 멈춥니다.

Bullet에 Bullet Tag 적용

Bullet에 Bullet Tag를 추가하여 적용합니다. 게임상에 배치되어 있는 것을 수정했다면 **[Apply]**를 클릭하여 Prefab에 적용시켜줍니다.

다음 EnemyCtrl 스크립트를 수정하여 대미지 처리와 0.3초 딜레이를 구현하겠습니다.

```csharp
using System.Collections;
using System.Collections.Generic;
using UnityEngine;

    public class EnemyCtrl : MonoBehaviour {

    public int HP = 50;
    // 몬스터의 HP를 저장하는 변수

    public float MoveSpeed = 2.0f;
    // 몬스터의 이동 속도를 저장하는 변수

    (. . .)

    // 움직임에 딜레이를 주는 함수
    IEnumerator MoveDelay()
    {
        float tmpSpeed = MoveSpeed;
        // 현재 몬스터의 이동 속도를 저장하는 변수

        MoveSpeed = 0;
        // 몬스터의 이동 속도를 0으로 한다.

        yield return new WaitForSeconds(0.3f);
        // 0.3초 대기한다.

        MoveSpeed = tmpSpeed;
        // 이동 속도를 원래대로 돌린다.
    }

    // 충돌 처리하는 함수
    void OnCollisionEnter(Collision coll)
    {
        if (coll.gameObject.CompareTag("Bullet"))
        // 충돌한 오브젝트의 태그가 Bullet인 경우
        {
            Destroy(coll.gameObject);
            // 충돌한 오브젝트(총알)를 제거한다.

            HP -= 10;
            // HP를 10 줄인다.
```

```
            StartCoroutine(MoveDelay());
            // 움직임을 잠시 멈추는 코루틴 함수를 불러온다.

            if (HP <= 0)
            // HP가 0보다 작거나 같으면
            {
                Destroy(gameObject);
                // 자기 자신을 제거한다.
            }
        }
    }
}

IEnumerator MoveDelay()
{
    float tmpSpeed = MoveSpeed;
    // 현재 몬스터의 이동 속도를 저장하는 변수

    MoveSpeed = 0;
    // 몬스터의 이동 속도를 0으로 한다.

    yield return new WaitForSeconds(0.3f);
    // 0.3초 대기한다.

    MoveSpeed = tmpSpeed;
    // 이동 속도를 원래대로 돌린다.
}
```

몬스터가 공격을 받으면 이동 속도를 0.3초간 0으로 줄이고 그다음 다시 원래 속도로 되돌리는
코드입니다.

```
void OnCollisionEnter(Collision coll)
{
    if (coll.gameObject.CompareTag("Bullet"))
    // 충돌한 오브젝트의 태그가 Bullet인 경우
    {
        Destroy(coll.gameObject);
        // 충돌한 오브젝트(총알)를 제거한다.

        HP -= 10;
        // HP를 10 줄인다.
```

```
            StartCoroutine(MoveDelay());
            // 움직임을 잠시 멈추는 코루틴 함수를 불러온다.

            if (HP <= 0)
            // HP가 0보다 작거나 같으면
            {
                Destroy(gameObject);
                // 자기 자신을 제거한다.
            }
        }
    }
```

위 코드의 **OnCollisionEnter**는 유니티 엔진상에서 제공되는 충돌 처리 함수입니다. Collider
를 가진 다른 오브젝트와 충돌을 감지하고 두 오브젝트 중 하나는 Rigidbody를 가지고 있어
야 합니다.

충돌한 오브젝트는 Collision 변수에 저장됩니다. coll이라는 변수를 지정하여 그 변수의 오브
젝트가 가진 Tag가 Bullet인지 확인하여 아래의 기능들을 실행합니다.

여기서 충돌에 관련된 기능들을 조금 더 알아보겠습니다.

OnCollisionEnter	현재 오브젝트가 다른 오브젝트와 충돌을 시작했을 때
OnCollisionStay	현재 오브젝트가 다른 오브젝트와 충돌이 끝났을 때
OnCollisionExit	현재 오브젝트가 다른 오브젝트와 충돌 중일 때

콜라이더가 트리거로 되어 충돌하는 방식도 있습니다.

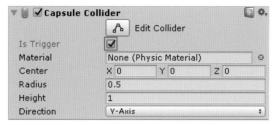

콜라이더의 트리거화

콜라이더에 **Is Trigger**를 체크하면 다른 오브젝트와 부딪히지 않고 지나갑니다. 이때도 충돌 처리는 발생하는데 그때 사용하는 함수들을 알아보겠습니다.

OnTriggerEnter	현재 오브젝트가 다른 트리거와 충돌을 시작했을 때
OnTriggerExit	현재 오브젝트가 다른 트리거와 충돌 중일 때
OnTriggerStay	현재 오브젝트가 다른 트리거와 충돌이 끝났을 때

유니티에서는 위와 같은 충돌을 지원합니다.

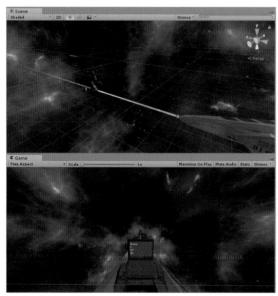

적 캐릭터 대미지 처리 테스트

적을 레이저 포인터 일직선상에 두고 엔진에서 테스트해봅니다. 적 캐릭터와 총알의 충돌에 의해 적 캐릭터가 날아가는 경우가 발생할 수도 있습니다.

총알을 Trigger로 변경하는 방법도 있으나 코드를 다시 작성하기 때문에 적 캐릭터의 물리 작용은 끄겠습니다.

적 캐릭터 물리 작용 중지

적 캐릭터의 Rigidbody의 **Is Kinematic**에 체크하면 적 캐릭터의 물리 작용은 중지됩니다.

3.2.10 플레이어 대미지와 점수 처리

적 캐릭터가 죽으면 플레이어에게 100점을 주고, 적이 가까이 다가와서 플레이어를 공격하면 대미지를 받게 EnemyCtrl 스크립트를 수정하겠습니다.

예제 **EnemyCtrl.cs** 몬스터 상태에 따라 플레이어의 상태를 업데이트하는 기능이 추가된 소스 코드

```
using System.Collections;
using System.Collections.Generic;
using UnityEngine;

public class EnemyCtrl : MonoBehaviour {

    ( . . .)

    private PlayerCtrl playerState;
    // PlayerCtrl 스크립트를 가져오는 변수

    // Use this for initialization
```

```
void Start () {
    playerState = GameObject.Find("Player").GetComponent<PlayerCtrl>();
    // Player 오브젝트를 찾아서 PlayerCtrl 스크립트를 가져온다.
}

(. . .)

// 몬스터가 공격하는 함수
IEnumerator Attack()
{
    yield return new WaitForSeconds(0.3f);
    // 0.3초간 대기 후

    Destroy(gameObject);
    // 자기 자신을 제거한다.

    playerState.HP -= 10;
    // 플레이어에게 10 대미지를 준다.

    playerState.StateUpdate();
    // 플레이어의 상태를 업데이트해준다.
}

(. . .)

// 충돌 처리하는 함수
void OnCollisionEnter(Collision coll)
{
    if (coll.gameObject.CompareTag("Bullet"))
    // 충돌한 오브젝트의 태그가 Bullet인 경우
    {
        Destroy(coll.gameObject);
        // 충돌한 오브젝트(총알)를 제거한다.

        HP -= 10;
        // HP를 10 줄인다.

        StartCoroutine(MoveDelay());
        // 움직임을 잠시 멈추는 코루틴 함수를 불러온다.

        if (HP <= 0)
            // HP가 0보다 작거나 같으면
        {
            Destroy(gameObject);
```

```
                // 자기 자신을 제거한다.

            playerState.Score += 100;
                // 플레이어의 점수를 100점 더한다.

            playerState.StateUpdate();
                // 플레이어의 상태를 업데이트해준다.
            }
        }
    }
}
```

새로운 기능만 자세히 보겠습니다.

```
private PlayerCtrl playerState;
// PlayerCtrl 스크립트를 가져오는 변수

// Use this for initialization
void Start () {
    playerState = GameObject.Find("Player").GetComponent<PlayerCtrl>();
    // Player 오브젝트를 찾아서 PlayerCtrl 스크립트를 가져온다.
}
```

먼저 스크립트 이름을 가진 playerState 변수를 만들었습니다. 유니티에서 다른 스크립트의
기능을 가져오거나 정보를 변경한다면 이렇게 별도로 불러와서 사용해야 합니다. public으
로 만들어서 직접 Player 오브젝트를 지정해도 되지만 적 캐릭터는 계속 새로 생성될 것이기
때문에 미리 만든 적 캐릭터가 아니라면 정보를 직접 넣을 수 없습니다. 그래서 적 캐릭터가
생성될 때, Find 기능을 사용하여 Player 이름을 가진 오브젝트를 찾고 그 오브젝트가 가진
PlayerCtrl 스크립트를 만든 변수에 가져옵니다. 이렇게 하면 플레이어가 가진 HP와 Score를
변경하고 상태를 업데이트하는 StateUpdate 기능을 불러올 수 있습니다.

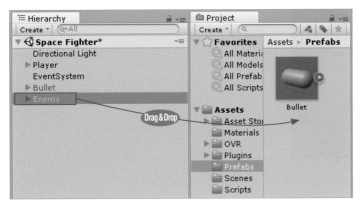

Enemy의 Prefab화

대미지를 받는 테스트와 Score가 올라가는 테스트를 위해 적 캐릭터를 늘려보겠습니다. 늘리기 전에 적 캐릭터 오브젝트를 복사하기 위해 Enemy를 Prefab화합니다.

테스트용 적 캐릭터 추가

Prefab화한 적 캐릭터를 하나 추가하여 테스트를 진행합니다. 하나는 5발을 맞혀 쓰러뜨려보고 하나는 가만히 두고 대미지를 받아봅니다.

대미지와 점수 처리 테스트

테스트를 하고 Game 뷰에서 확인하기 어렵다면 Scene 뷰를 확대하여 확인해봅니다.

3.2.11 적 캐릭터 애니메이션

유니티의 Animator를 이용하여 적 캐릭터의 평상시 움직임, 공격하는 모습, 대미지를 입으면 아파하는 애니메이션을 적용시키겠습니다. 여러 가지 애니메이션을 편하게 조작하기 위한 기능으로 유니티 엔진에서 Animator Controller를 제공합니다. 이 기능을 이용하여 구현하겠습니다.

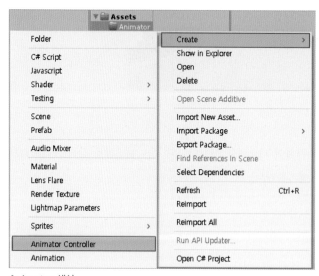

Animator 생성

Assets에 Animator 폴더를 생성하고 그 폴더에서 우클릭 후 **Animator Controller**를 추가합니다. 이름은 EnemyAni로 합니다.

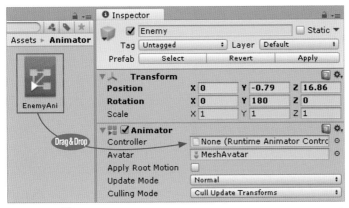

Animator 적용

EnemyAni를 Animator 〉 Controller에 끌어다 놓고 적용합니다. 그다음 **EnemyAni**를 더블 클릭합니다.

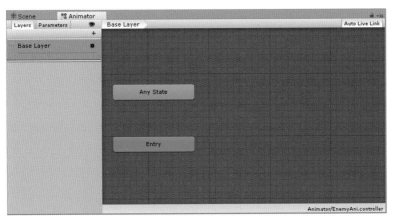

Animator Controller

그럼 위와 같은 창이 나타날 것입니다. 화면은 마우스 휠 버튼을 누른 상태에서 움직일 수 있습니다. 먼저 위 창에 적 캐릭터의 애니메이션을 추가하겠습니다.

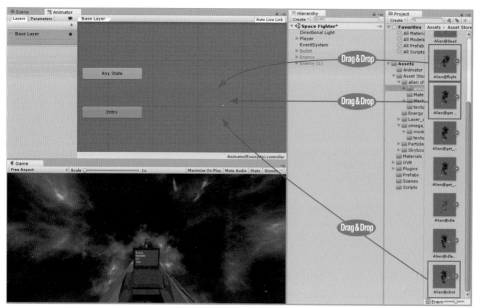

적 캐릭터 애니메이션 등록

Assets 〉 Asset Store 〉 alien character 〉 animation 폴더에서 **Alien@flight, Alien@get_ a_hit(R), Alien@shot**을 Animator에 끌어다 놓습니다.

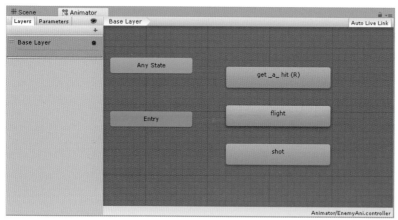

적 캐릭터 애니메이션 등록 완료

애니메이션을 등록하고 마우스로 끌어 옮기면서 배치할 수 있으니 보기 편하게 배치합니다.

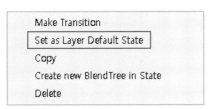

기본 애니메이션 설정

Entry에서 flight 외에 다른 애니매이션에 선이 연결되어 있으면 flight에 우클릭 후 **Set as Layer Default State**를 선택하면 기본 애니메이션으로 설정됩니다.

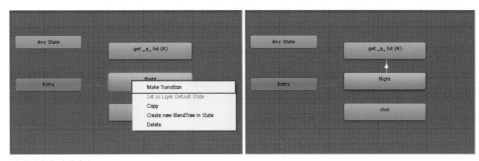

애니메이션 연결하기

이제 flight를 우클릭 후 Make Transition을 누른 후 선을 연결할 수 있습니다. get_a_hit(R)에 연결합니다.

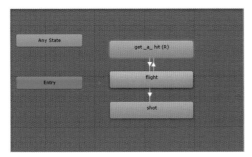

애니메이션 연결 완료

동일한 방법으로 **get_a_hit(R) → flight, flight → shot**을 연결합니다.

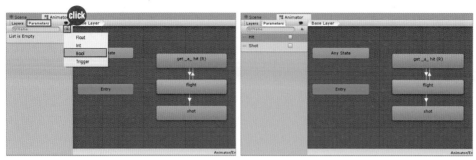

애니메이션 변경 조건 추가

Parameters를 누르고 ➕를 누른 후 Bool을 선택하여 총 2개를 생성합니다. 위 기능은 생성한 변수형을 조건으로 사용하여 애니메이션을 변경합니다. 각각 Hit와 Shot으로 이름을 변경합니다.

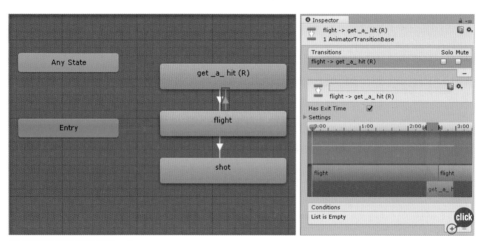

애니메이션 변경 조건 설정 – 1

애니메이션이 다른 애니메이션으로 향하는 화살표를 클릭하면 Inspector 뷰가 그림과 같이 나옵니다. 아래의 Conditions를 누르고 ➕를 클릭하면 조건을 추가할 수 있습니다.

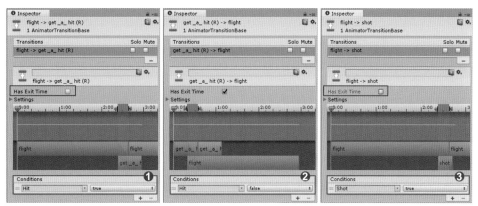

애니메이션 변경 조건 설정 - 2

Has Exit Time에 체크된 경우 애니메이션이 끝나야 다음 애니메이션을 재생하는 것이고, 체크가 해제된 경우는 바로 다음 애니메이션을 재생하는 것입니다. 공격을 하거나 당할 경우에는 걷는 모션을 중단하고 바로 다음 애니메이션으로 넘어가야 하기 때문에 Has Exit Time의 체크를 해제했습니다.

이제 각각 Conditions의 조건을 설정하겠습니다.

❶ get_a_hit(R) → flight는 Hit의 값이 true

❷ get_a_hit(R) ← flight는 Hit의 값이 false

❸ flight → shot는 Shot의 값이 true

여기서 Conditions는 Parameters에 추가한 변수의 상태를 조건으로 Animator의 상태를 변경시켜주는 조건입니다.

이제 Animator Controller의 설정이 완료되었습니다. EnemyCtrl 스크립트를 수정하여 몬스터의 행동에 따른 애니메이션을 재생해보겠습니다.

```
using System.Collections;
using System.Collections.Generic;
using UnityEngine;

public class EnemyCtrl : MonoBehaviour {

    (. . .)

    private Animator ani;
    // 몬스터의 Animator를 가져오는 변수

    // Use this for initialization
    void Start () {
        playerState = GameObject.Find("Player").GetComponent<PlayerCtrl>();
        // Player 오브젝트를 찾아서 PlayerCtrl 스크립트를 가져온다.

        ani = GetComponent<Animator>();
        // 몬스터의 Animator를 가져온다.
    }

    (. . .)

    // 몬스터가 공격하는 함수
    IEnumerator Attack()
    {
        ani.SetBool("Shot", true);
        // 몬스터의 Animator의 Shot을 true로 하여 공격하게 한다.

        yield return new WaitForSeconds(0.3f);
        // 0.3초간 대기 후

        Destroy(gameObject);
        // 자기 자신을 제거한다.

        playerState.HP -= 10;
        // 플레이어에게 10 대미지를 준다.

        playerState.StateUpdate();
        // 플레이어의 상태를 업데이트해준다.
    }

    // 움직임에 딜레이를 주는 함수
```

```
IEnumerator MoveDelay()
{
    ani.SetBool("Hit", true);
    // 몬스터의 Animator의 Hit를 true로 하여 아파하게 한다.

    float tmpSpeed = MoveSpeed;
    // 현재 몬스터의 이동 속도를 저장하는 변수

    MoveSpeed = 0;
    // 몬스터의 이동 속도를 0으로 한다.

    yield return new WaitForSeconds(0.3f);
    // 0.3초 대기한다.

    MoveSpeed = tmpSpeed;
    // 이동 속도를 원래대로 돌린다.

    ani.SetBool("Hit", false);
    // 몬스터의 Animator의 Hit를 false로 하여 다시 날게 한다.
}

(. . .)

}
```

처음에 몬스터가 가진 Animator를 ani 변수에 가져옵니다. 다음 적 캐릭터가 공격할 때 ani.
SetBool 함수를 사용하여 몬스터의 애니메이션을 공격 애니메이션으로 변경합니다. 이 함수
의 사용법은 SetBool(변경할 Parameter의 이름, 변경할 값)입니다. 몬스터가 움직임에 딜레
이가 발생하는 순간에는 아파하는 애니메이션으로 변경하기 위해 Hit를 true로 바꿉니다. 딜
레이가 끝난 후에는 다시 날아서 다가오게 해야 하므로 false로 변경했습니다.

애니메이션이 적용된 적 캐릭터

스크립트를 저장하고 유니티 엔진에서 테스트를 해봅니다. 입력은 Game 뷰에서 하고 확인은 Scene 뷰에서 화면을 조정하면서 확인할 수 있습니다.

3.2.12 이펙트

현재 이펙트는 두 가지가 있습니다.

Hit_02 이펙트   Hit_04 이펙트

붉은 빛의 Hit_02는 적 캐릭터가 공격하면서 사라질 때, 초록 빛의 Hit_04는 플레이어의 총알이 적 캐릭터에게 맞았을 때 발생합니다.

EnemyCtrl 스크립트를 수정하여 이펙트를 발생하고 1초 뒤 이펙트가 제거되는 기능을 추가하겠습니다.

예제 EnemyCtrl.cs 이펙트 기능이 추가된 소스 코드

```
using System.Collections;
using System.Collections.Generic;
using UnityEngine;

public class EnemyCtrl : MonoBehaviour {

(. . .)

    public GameObject HitEffect;
    // 몬스터가 대미지를 입으면 발생하는 이펙트를 저장하는 변수

    public GameObject ShotEffect;
    // 몬스터가 공격을 하면 발생하는 이펙트를 저장하는 함수

(. . .)

    // 몬스터가 공격하는 함수
    IEnumerator Attack()
    {
        ani.SetBool("Shot", true);
        // 몬스터의 Animator의 Shot을 true로 하여 공격하게 한다.

        yield return new WaitForSeconds(0.3f);
        // 0.3초간 대기 후

        Destroy(gameObject);
        // 자기 자신을 제거한다.

        GameObject shot = Instantiate(ShotEffect, transform.position, transform.
                                      rotation);
        // shot GameObject 변수에 HitEffect를 저장하고 자신의 위치에 생성한다.

        Destroy(shot, 1.0f);
        // shot 오브젝트를 제거한다.

        playerState.HP -= 10;
        // 플레이어에게 10 대미지를 준다.

        playerState.StateUpdate();
        // 플레이어의 상태를 업데이트해준다.
    }
```

```
(. . .)
// 충돌 처리하는 함수
void OnCollisionEnter(Collision coll)
{
    if (coll.gameObject.CompareTag("Bullet"))
    // 충돌한 오브젝트의 태그가 Bullet인 경우
    {
        Destroy(coll.gameObject);
        // 충돌한 오브젝트(총알)를 제거한다.

        HP -= 10;
        // HP를 10 줄인다.

        GameObject hit = Instantiate(HitEffect, coll.transform.position,
                                     coll.transform.rotation);
        // hit GameObject 변수에 HitEffect를 충돌 위치에 생성한다.

        Destroy(hit, 1.0f);
        // hit 오브젝트를 제거한다.

        StartCoroutine(MoveDelay());
        // 움직임을 잠시 멈추는 코루틴 함수를 불러온다.

        (. . .)
    }
  }
}


GameObject shot = Instantiate(ShotEffect, transform.position, transform.rotation);
// shot GameObject 변수에 HitEffect를 저장하고 자신의 위치에 생성한다.

Destroy(shot, 1.0f);
// shot 오브젝트를 제거한다.
```

hit와 shot의 코드는 동일하니 shot 코드를 보겠습니다. GameObject 변수로 새로 만들어서 그 변수에 새로 생성한 이펙트를 저장합니다. 이렇게 생성하는 방법을 **동적 오브젝트 생성**이라고 합니다. 그리고 Destroy로 동적 생성된 오브젝트를 제거할 수 있게 되어 1초 후 제거하게 합니다.

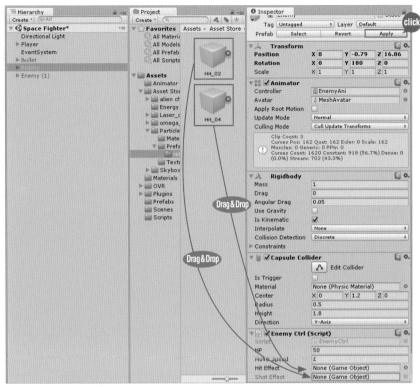

적 캐릭터에 이펙트 등록

스크립트를 저장하고 Enemy 하나를 선택한 후 **Assets 〉Asset Store 〉Particlecollection_ Free 〉Prefab 〉Hit**의 **Hit_02**를 Shot Effect에, **Hit_04**를 Hit Effect에 끌어다 놓습니다. 그 리고 [**Apply**]를 클릭하여 Enemy Prefab에 적용합니다.

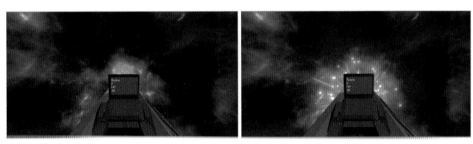

이펙트 적용 테스트

이펙트를 적용하고 테스트해봅니다. 총알이 적 캐릭터에 맞으면 초록 이펙트, 적이 플레이어에게 다가와서 공격하면 붉은 이펙트가 발생할 것입니다.

3.2.13 배경음악과 효과음

이제 게임 분위기의 핵심인 사운드를 추가하겠습니다. 먼저 레이저를 발사하는 효과음을 추가하겠습니다. **오디오 소스**Audio Source 컴포넌트가 이 역할을 수행합니다.

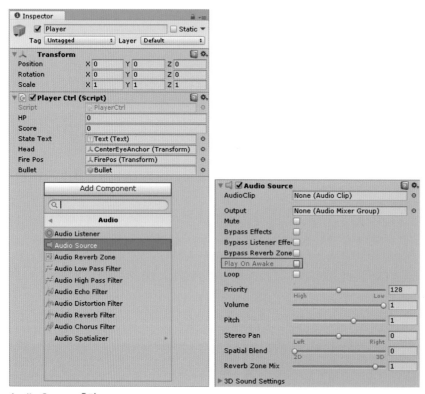

Audio Source 추가

Player 오브젝트에 [Add Component]를 누르고 Audio 〉 Audio Source를 추가합니다. 그다음 Audio Source의 Play On Awake 체크를 해제합니다.

이제 PlayerCtrl 스크립트를 수정하여 플레이어가 공격하면 레이저 발사음을 재생하게 하겠습니다.

```
using System.Collections;
using System.Collections.Generic;
using UnityEngine;
using UnityEngine.UI;

public class PlayerCtrl : MonoBehaviour {
    (. . .)

    public AudioClip FireSound;
    // 총알 발사 사운드를 가져오기 위한 변수

    private AudioSource audioSource;
    // AudioSource 컴포넌트를 가져오기 위한 변수

    // Use this for initialization
    void Start () {

        (. . .)

        audioSource = GetComponent<AudioSource>();
        // 플레이어의 AudioSource를 가져온다.
    }

    (. . .)

    // 총알을 발사하는 함수
    void Fire()
    {
        Instantiate(Bullet, FirePos.position, FirePos.rotation);
        // FirePos의 Position과 Rotation의 위치에 Bullet을 생성한다.

        audioSource.PlayOneShot(FireSound);
        // FireSound를 한 번 재생한다.
    }

    (. . .)

}
```

AudioClip은 AudioSource에서 재생할 사운드입니다.

AudioSource 컴포넌트의 AudioClip에 필요한 사운드를 넣고 재생시키는 방법도 있으나 이 방법을 이용할 경우 레이저를 연속으로 쏘면 사운드가 끝까지 재생되지 않고 새로 재생됩니다. 그래서 앞의 코드에서는 AudioSource의 PlayOneShot 기능을 사용하여 FireSound를 한 번 끝까지 재생시킵니다.

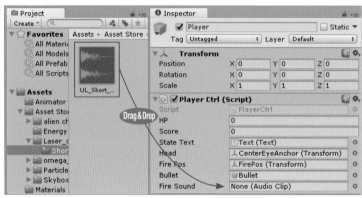

레이저 효과음 적용

스크립트를 저장하고 **Assets ⟩ Asset Store ⟩ Laser_construction_kit ⟩ Short Bursts**의 **UL_Short_Burst_1**을 Player 오브젝트의 Fire Sound에 끌어다 놓습니다.

엔진에서 테스트 후 총알을 쏘면 효과음이 재생됩니다.

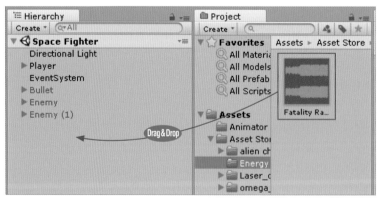

배경음악 추가

배경음악을 추가하겠습니다. **Assets ⟩ Asset Store ⟩ Energy Hard Rock Pack** 폴더의
Fatality Racer_demo (1)을 Hierachy 뷰에 끌어다 놓습니다.

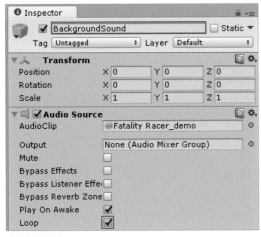

배경음악 설정

추가한 오브젝트의 이름을 **BackgroundSound**로 변경하고 Audio Source의 Loop를 체크
해서 반복 재생하게 합니다.

이제 게임의 기본적인 부분은 갖추어졌습니다.

3.2.14 적 리스폰과 게임 오버

적을 지속적으로 생성하는 기능과 플레이어의 HP가 0이 되면 다시 시작하는 기능을 추가하겠
습니다.

리스폰 구역 생성

먼저 적을 지속적으로 생성할 구역을 만들기 위해 빈 오브젝트를 생성하고 이름을 Spawn Point로 하겠습니다. SpawnPoint의 Position은 (0, 0, 30)으로 합니다. 이 구역을 기준으로 사방에서 생성되게 할 것입니다.

EnemySpawn 스크립트 생성

Scripts 폴더에 EnemySpawn 스크립트를 생성합니다. 적을 지속적으로 생성하게 스크립트를 작성하겠습니다.

예제 EnemySpawn.cs 몬스터가 사방에서 생성되는 기능 전체 소스 코드

```
using System.Collections;
using System.Collections.Generic;
using UnityEngine;

public class EnemySpawn : MonoBehaviour {

    public GameObject Enemy;
    // 적 캐릭터를 가져올 변수

    private float SpawnTime;
    // 적이 생성되는 시간을 저장하는 변수

    private Vector3 SpawnPoint;
    // 적이 생성되는 위치를 저장하는 변수

    // Use this for initialization
    void Start () {
    SpawnTime = 3.0f;
    // 적이 생성되는 시간을 3초로 한다.

    StartCoroutine(Spawn());
    // 적을 생성하는 코루틴 함수를 사용한다.
```

```
    }

    // 적을 생성하는 함수
    IEnumerator Spawn()
    {
        while (true)
        // while문을 이용하여 코루틴을 지속시킨다.
        {
            float PointX = Random.Range(-5.0f, 5.0f);
            // 생성 위치 X 값을 -5.0 이상 5.0 미만 중 랜덤으로 지정한다.

            float PointY = Random.Range(0.0f, 5.0f);
            // 생성 위치 Y 값을 -5.0 이상 5.0 미만 중 랜덤으로 지정한다.

            SpawnPoint = new Vector3(PointX, PointY, transform.position.z);
            // 생성 위치를 PointX, PointY, 오브젝트의 Z 값 위치로 지정한다.

            Instantiate(Enemy, SpawnPoint, transform.rotation);
            // 몬스터를 SpawnPoint와 현재 오브젝트의 Ratation으로 생성한다.

            yield return new WaitForSeconds(SpawnTime);
            // SpawnTime만큼 대기한다.

            SpawnTime -= 0.01f;
            // 생성 시간을 0.01초 줄인다.
        }
        yield return null;
        // while문을 빠져나왔을 때 코루틴에 yield return이 없으면 오류가 발생한다.
        // 오류 방지를 위해 넣어준다.
    }
}
```

위 코드에서는 무한 반복되는 코루틴을 생성했습니다.

```
    // 적을 생성하는 함수
    IEnumerator Spawn()
    {

        while (true)
        // while문을 이용하여 코루틴을 시속시킨다.
        {
            (. . .)
```

```
        }
        yield return null;
            // while문을 빠져나왔을 때 코루틴에 yield return이 없으면 오류가 발생한다.
            // 오류 방지를 위해 넣어준다.
    }
```

먼저 무한 반복 코루틴입니다. 코루틴 함수는 항상 yield return이 있어야 합니다. 만약 while
문을 빠져나왔는데 yield return이 없다면 엔진에서 테스트할 때 엔진이 멈추는 현상이 발생
합니다. 항상 주의하여 개발해야 합니다.

```
float PointX = Random.Range(-5.0f, 5.0f);
// 생성 위치 X 값을 -5.0 이상 5.0 미만 중 랜덤으로 지정한다.

float PointY = Random.Range(0.0f, 5.0f);
// 생성 위치 Y 값을 -5.0 이상 5.0 미만 중 랜덤으로 지정한다.
```

몬스터가 생성될 X 좌표와 Y 좌표를 랜덤하게 지정하기 위해 **Random.Range** 함수를 사용했
습니다. Random.Range(최솟값, 최댓값) 형태로 사용하며 최솟값 이상 최댓값 미만의 랜덤
값이 나옵니다.

```
SpawnPoint = new Vector3(PointX, PointY, transform.position.z);
// 생성 위치를 PointX, PointY, 오브젝트의 Z 값 위치로 지정한다.

Instantiate(Enemy, SpawnPoint, transform.rotation);
// 몬스터를 SpawnPoint와 현재 오브젝트의 Ratation으로 생성한다.

yield return new WaitForSeconds(SpawnTime);
// SpawnTime만큼 대기한다.

SpawnTime -= 0.01f;
// 생성 시간을 0.01초 줄인다.
```

이제 X 좌표와 Y 좌표가 랜덤하게 정해졌으니 적 캐릭터의 생성 위치를 정합니다. Z 값은
SpawnPoint의 30을 그대로 사용하기 때문에 transform.position.z 값을 가져왔습니다. 다
음 몬스터를 생성하면서 SpawnPoint의 위치에 나타나게 했습니다. 생성 후 SpawnTime 동
안 대기하고 SpawnTime을 0.01초 줄인 후 다시 생성하는 기능을 반복합니다.

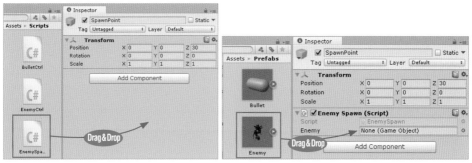

적 리스폰 기능 적용

스크립트를 저장하고 SpawnPoint 오브젝트에 EnemySpawn을 적용합니다. 그다음 Prefabs의 **Enemy**를 EnemySpawn 스크립트의 Enemy에 끌어다 놓습니다.

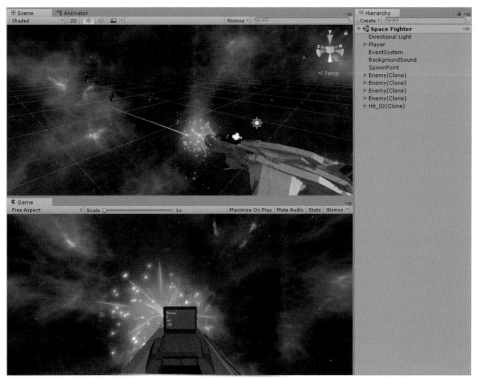

적 리스폰 테스트

엔진상에서 테스트하면 3초 후 적 캐릭터가 하나씩 새로 생성됩니다. 시간이 지날수록 빠르게 생성될 것입니다.

이제 HP가 0이 되면 게임을 재시작하겠습니다.

프로젝트에 Scene 등록

File 〉 Build Settings를 열어서 [Add Open Scenes]를 클릭하여 프로젝트에 Scene을 등록합니다.

예제 **PlayerCtrl.cs** 죽으면 다시 시작되는 소스 코드

```
using System.Collections;
using System.Collections.Generic;
using UnityEngine;
using UnityEngine.UI;

public class PlayerCtrl : MonoBehaviour {

    (. . .)

    // Update is called once per frame
    void Update () {
    FirePos.rotation = Head.rotation;
    // FirePos의 회전 값을 플레이어 Head의 회전 값으로 한다.

        if (Input.GetMouseButtonDown(0))
        // 마우스 왼쪽 버튼을 클릭하면 또는 기어 VR에서는 터치패드를 터치하면
```

```
        {
            Fire();
            // 총알을 발사하는 함수를 불러온다.
        }

        if(HP <= 0)
        // HP가 0보다 작거나 같으면
        {
            Application.LoadLevel(0);
            // 0번 Scene을 불러온다.
        }
    }

    (. . .)


}
```

적의 공격을 받아 HP가 0보다 작거나 같아지면 프로젝트에 등록된 Scene 0번(현재 Scene)을 불러오는 기능입니다. 엔진에서 테스트를 먼저 진행하여 HP를 0으로 만들어봅니다.

모든 기능이 잘 동작한다면 이제 스마트폰에 빌드하여 테스트합니다.

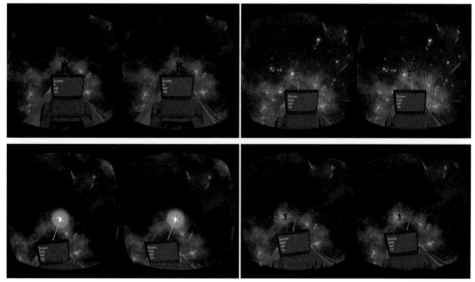

스마트폰에 빌드 후 테스트

우주 슈팅 게임 〈스페이스 파이터〉가 완성되었습니다. 이제 직접 테마를 변경하거나 적 캐릭터를 늘려서 자신만의 게임을 만들어보기 바랍니다.

3.3 러닝 게임 〈로드 러너〉

이번에는 터치패드의 좌, 우 제스처 입력을 사용하여 도로를 질주하며 장애물을 피하는 VR 러닝 게임 〈로드 러너〉를 구현하겠습니다.

3.3.1 게임 소개

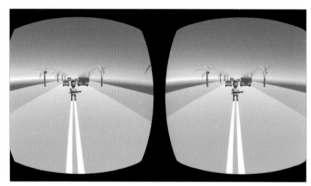

게임 시작 화면 (전면)

처음 게임을 로딩하면 화면이 나오고 플레이어는 실시간으로 달립니다. 0.5초마다 플레이어의 속도가 0.5씩 증가합니다. 세 가지 맵이 무한으로 생성됩니다.

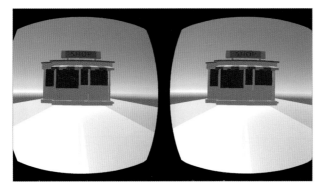

게임 시작 화면 (후면)

뒤를 돌아보면 상점이 보입니다.

왼쪽으로 이동

HMD의 터치패드를 후 방향으로 터치 후 제스처 입력을 하면 왼쪽으로 이동합니다.

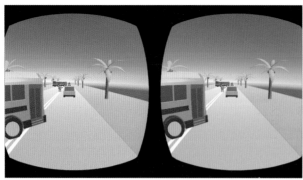 

오른쪽으로 이동

기어 VR의 터치패드를 정 방향으로 터치 후 제스처 입력을 하면 오른쪽으로 이동합니다.

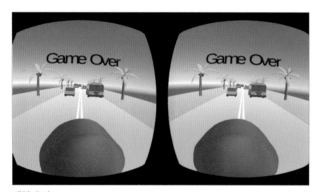

게임 오버

장애물 또는 적 캐릭터에게 닿으면 캐릭터의 속도가 0이 된 후 게임 오버가 되고, 3초 후 다시 시작됩니다.

3.3.2 기어 VR 제스처 입력 구현

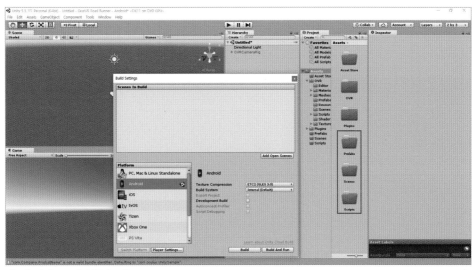

새로운 기어 **VR** 개발 환경 구축

새로운 프로젝트를 생성하여 3.1절 'Oculus Mobile 개발 환경 구축'을 진행합니다. 그다음 프로젝트에 사용할 폴더 Asset Store, Prefabs, Scenes, Scripts를 생성합니다.

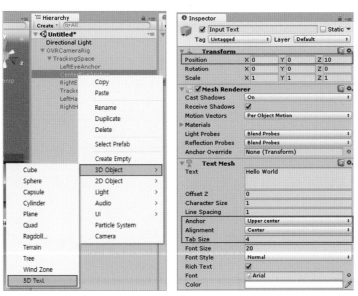

입력 확인용 **3D Text** 추가

OVRCameraRig 〉TrackingSpace 〉CenterEyeAnchor에 우클릭 후 **3D Text**를 추가합니다. 추가한 3D Text의 이름을 Input Text로 변경 후 Position을 (0, 0, 10)으로, Anchor는 Upper center로, Alignment는 Center로, Font Size는 4로 변경합니다.

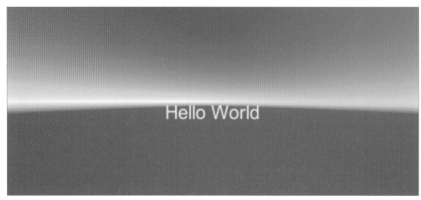

입력 확인용 Text 추가 완료

이제 기어 VR의 받은 입력에 따라 텍스트가 변하도록 스크립트를 작성하겠습니다.

기어 VR 제스처 입력을 구현할 PlayerCtrl 스크립트

Assets 〉Scripts 폴더에 기어 VR 제스처 입력을 구현할 PlayerCtrl 스크립트를 생성합니다.

```
using System.Collections;
using System.Collections.Generic;
using UnityEngine;

public class PlayerCtrl : MonoBehaviour {

    public TextMesh InputText;
    // 입력을 확인할 수 있는 3D Text

    private Vector2 Input_Start;
    // 터치, 클릭 입력의 시작 지점을 저장하는 변수

    private Vector2 Input_End;
    // 터치, 클릭 입력의 끝 지점을 저장하는 변수

    // Use this for initialization
    void Start () {

    }

    // Update is called once per frame
    void Update () {
        GestureInput();
        // GestureInput 함수를 불러온다.
    }

    void GestureInput()
    {
        if (Input.GetMouseButtonDown(0))
        // 마우스 왼쪽 클릭 눌렀을 때
        // 터치 눌렀을 때
        {
            Input_Start = Input.mousePosition;
            // 클릭, 터치의 시작 지점에 누른 위치를 저장한다.
        }

        if (Input.GetMouseButtonUp(0))
        // 마우스 왼쪽 클릭 뗐을 때
        // 터치 뗐을 때
        {
            Input End = Input.mousePosition;
            // 클릭, 터치의 마지막 지점에 뗀 위치를 저장한다.
```

```csharp
Vector2 CurrentInput = (Input_End - Input_Start);
// CurrentInput에 마지막 지점과 시작 지점을 빼고 저장한다.

CurrentInput.Normalize();
// CurrentInput을 정규화해준다.

if (CurrentInput.x > 0 && CurrentInput.y < 0.5f && CurrentInput.y > -0.5f)
// CurrentInput의 x는 0보다 크고 y는 0.5보다 작고 -0.5보다 큰 경우
{
    InputText.text = "Backward";
    // InputText의 text를 Backward로 변경한다.
}
else if (CurrentInput.x < 0 && CurrentInput.y
        < 0.5f && CurrentInput.y > -0.5f)
// CurrentInput의 x는 0보다 작고 y는 0.5보다 작고 -0.5보다 큰 경우
{
    InputText.text = "Forward";
     // InputText의 text를 Forward로 변경한다.
}
else if (CurrentInput.y < 0 && CurrentInput.x
        < 0.5f && CurrentInput.x > -0.5f)
// CurrentInput의 y는 0보다 작고 x는 0.5보다 작고 -0.5보다 큰 경우
{
    InputText.text = "Down";
    // InputText의 text를 Down로 변경한다.
}
else if (CurrentInput.y > 0 && CurrentInput.x <
        0.5f && CurrentInput.x > -0.5f)
// CurrentInput의 x는 0보다 작고 y는 0.5보다 작고 -0.5보다 큰 경우
{
    InputText.text = "Up";
    // InputText의 text를 Up으로 변경한다.
}
else
// 그 외의 경우(터치 후 움직이지 않음, 창 입력)
{
    InputText.text = "Tap";
    // InputText의 text를 Tap으로 변경한다.
}
        }
    }
}
```

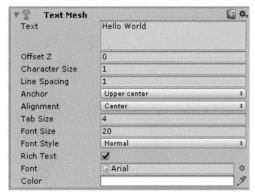

Input Text의 Text Mesh

```
public TextMesh InputText;
// 입력을 확인할 수 있는 TextMesh를 저장하는 변수
```

3D Text로 생성한 Input Text 오브젝트에는 TextMesh 컴포넌트가 있습니다. 그 컴포넌트를 저장하고 조작하기 위해 변수를 선언했습니다.

```
private Vector2 Input_Start;
// 터치, 클릭 입력의 시작 지점을 저장하는 변수

private Vector2 Input_End;
// 터치, 클릭 입력의 끝 지점을 저장하는 변수
```

제스처 입력을 위해서는 입력을 시작한 지점과 입력이 끝난 지점을 알 수 있는 변수가 필요합니다. 더 자세한 구현 방법은 다음 코드들을 보면서 알아보겠습니다.

```
void Update () {
    GestureInput();
    // GestureInput 함수를 불러온다.
}
```

이 코드에서는 함수를 하나 만들어 업데이트될 때마다 같은 기능을 계속 실행하게 합니다. 업데이트 안에 잡다한 기능을 수행하는 코드를 많이 쓰면 복잡해 보이고, 재사용성도 떨어집니다. 이럴 때는 각 기능에 따라 직접 함수를 만들어 필요할 때마다 해당 함수를 호출하는 식으로 코딩하는 편이 좋습니다. 앞에서 살펴봤듯 이러한 함수를 사용자 정의 함수라고 합니다.

제스처 입력 방식

이제 제스처 입력 구현 코드를 보기 전에 어떤 방식으로 구현하는지 알아보겠습니다. 위 그림은 기어 VR 기준으로 정면 제스처 입력이 일어났을 때를 나타냅니다. 터치 스크린과 기어 VR 터치패드와 좌우가 반대로 되어 있습니다.

```
void GestureInput()
{
    if (Input.GetMouseButtonDown(0))
    // 마우스 왼쪽 클릭 눌렀을 때
    // 터치 눌렀을 때
    {
        Input_Start = Input.mousePosition;
        // 클릭, 터치의 시작 지점에 누른 위치를 저장한다.
    }

    if (Input.GetMouseButtonUp(0))
    // 마우스 왼쪽 클릭 뗐을 때
    // 터치 뗐을 때
    {
        Input_End = Input.mousePosition;
        // 클릭, 터치의 마지막 지점에 뗀 위치를 저장한다.
    ( . . .)
}
```

Input_Start에 마우스 클릭 또는 터치가 시작된 지점의 좌표를 저장합니다. 그리고 일정 거리 이동 후 누른 마우스 버튼을 떼거나 터치를 화면에서 떼면 Input_End에 그 좌표를 저장합니다. 좌표 값은 스크린 사이즈 기준으로 정해집니다.

```
if (Input.GetMouseButtonUp(0))
// 마우스 왼쪽 클릭 뗐을 때
// 터치 뗐을 때
{
    Input_End = Input.mousePosition;
    // 클릭, 터치의 마지막 지점에 뗀 위치를 저장한다.

    Vector2 CurrentInput = (Input_End - Input_Start);
    // CurrentInput에 마지막 지점과 시작 지점을 빼고 저장한다.

    CurrentInput.Normalize();
    // CurrentInput을 정규화해준다.

    (. . .)
}
```

다음 CurrentInput에 마지막 지점과 시작 지점을 뺀 후 저장합니다. 그럼 스크린 사이즈 기준의 값을 빼기 때문에 큰 값이 나옵니다. 이 값들을 정규화합니다. 그럼 정면으로 제스처를 취했을 경우 x는 −1, y는 0이 나옵니다.

```
if (CurrentInput.x > 0 && CurrentInput.y < 0.5f && CurrentInput.y > -0.5f)
// CurrentInput의 x는 0보다 크고 y는 0.5보다 작고 -0.5보다 큰 경우
{
    InputText.text = "Backward";
    // InputText의 text를 Backward로 변경한다.
}
else if (CurrentInput.x < 0 && CurrentInput.y < 0.5f && CurrentInput.y > -0.5f)
// CurrentInput의 x는 0보다 작고 y는 0.5보다 작고 -0.5보다 큰 경우
{
    InputText.text = "Forward";
    // InputText의 text를 Forward로 변경한다.
}
else if (CurrentInput.y < 0 && CurrentInput.x < 0.5f && CurrentInput.x > -0.5f)
// CurrentInput의 y는 0보다 작고 x는 0.5보다 작고 -0.5보다 큰 경우
{
```

```
        InputText.text = "Down";
        // InputText의 text를 Down으로 변경한다.
    }
    else if (CurrentInput.y > 0 && CurrentInput.x < 0.5f && CurrentInput.x > -0.5f)
    // CurrentInput의 x는 0보다 작고 y는 0.5보다 작고 -0.5보다 큰 경우
    {
        InputText.text = "Up";
        // InputText의 text를 Up으로 변경한다.
    }
    else
    // 그 외의 경우(터치 후 움직이지 않음, 창 입력)
    {
        InputText.text = "Tap";
        // InputText의 text를 Tap으로 변경한다.
    }
```

이제 제스처 입력 후 나온 CurrentInput의 값에 따라 입력을 정하고 InputText의 text를 그
입력에 맞게 변경합니다. 입력을 한 직후 바로 떼면 x와 y의 값이 (0, 0)이므로 Tap이라는 입
력을 주었습니다.

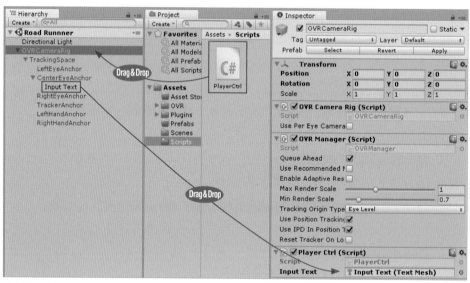

제스처 입력 적용

작성한 **PlayerCtrl**을 OVRCameraRig에 끌어다 놓습니다. 다음 PlayerCtrl 스크립트에
Input Text를 끌어다 놓고 적용합니다.

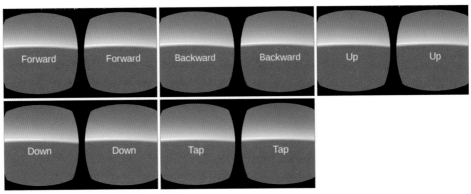

빌드 후 입력 테스트

이제 제스처 입력을 완성했으니 유니티 엔진 또는 스마트폰에 빌드 후 테스트합니다. 각 입력
에 대해 텍스트가 제대로 출력되는지 확인합니다.

3.3.3 게임에서 사용할 에셋 설치

유니티 에셋 스토어에 들어가서 아래의 에셋을 모두 설치하거나 한빛미디어 사이트에서 예제
소스를 다운로드합니다.

〈로드 러너〉에서 사용할 에셋

2.4절 '캐주얼 게임 〈별을 찾아라〉'에서 사용한 에셋을 이용하여 VR 러닝 게임을 구현해보겠습
니다.

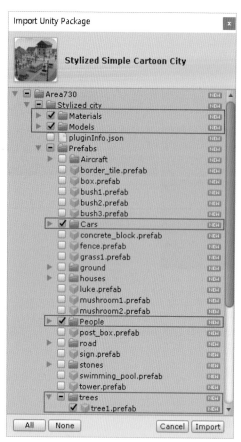

사용할 에셋 임포트

그림과 같이 필요한 에셋만 체크하여 임포트하겠습니다. trees의 tree1 아래는 모두 사용하지 않습니다.

3.3.4 Map 디자인

게임에서 무한으로 생성할 맵 세 가지와 시작 지점 뒤를 돌아보면 있는 상점 맵 하나를 디자인 하겠습니다.

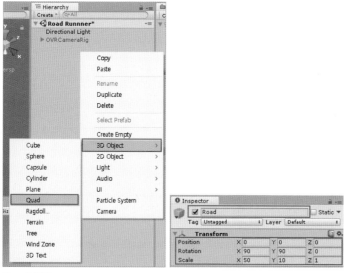

Road 생성

플레이어가 달리기 위한 길을 생성하겠습니다. Hierarchy 뷰에 우클릭 후 **3D Object ＞ Quad**
를 생성합니다. 그다음 Inspector 뷰에서 이름을 Road로 변경하고 Transform을 그림과 같
이 설정합니다.

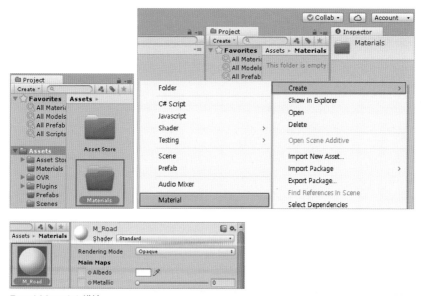

Road Material 생성

도로를 표현하기 위해 먼저 Road에 적용할 Material을 생성하겠습니다. 이름은 M_Road로 하겠습니다.

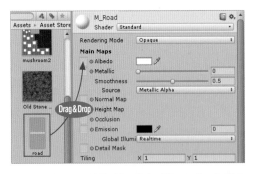

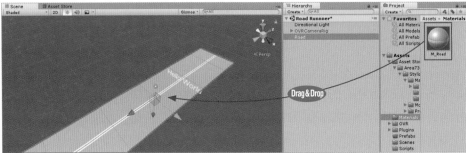

Road Material 적용

Assets 〉 Asset Store 〉 Area730 〉 Stylized city 〉 Materials 〉 textures 폴더의 **road**를 M_ Road의 Albedo에 끌어다 놓습니다. 그다음 **M_Road**를 Hierarchy 뷰의 Road 또는 Scene 뷰의 Road에 끌어다 놓으면 적용됩니다.

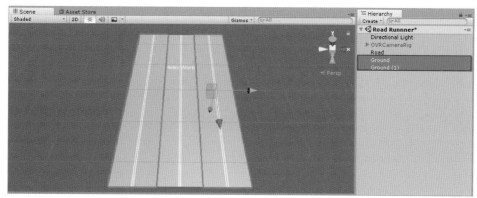

Ground 생성

Road를 복사, 붙여넣기하여 이름을 Ground로 변경 후 하나 더 복사합니다. 그다음 2.4.3절 'Scene 디자인'에서 V 키를 이용한 꼭짓점 배치를 활용하여 Road 양 옆에 붙여줍니다.

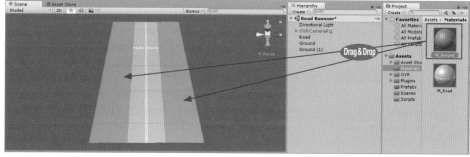

Ground Material 생성과 적용

Materials 폴더에 새로운 Material을 생성 후 이름을 M_Ground라고 변경합니다. 그다음 Albedo의 색을 누르고 위 색과 비슷하게 변경합니다. 그다음 **M_Ground**를 각각 Ground에 끌어다 놓고 적용합니다.

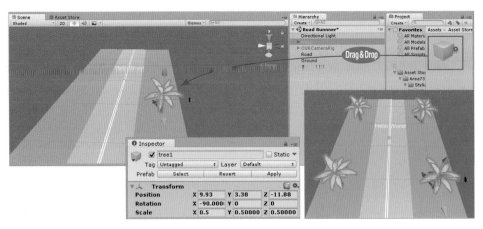

나무 배치

Assets 〉 Asset Store 〉 Area730 〉 Stylized city 〉 Prefabs 〉 trees의 tree1을 Scene 또는 Hierachy 뷰에 끌어다 놓습니다. 다음 tree1의 Scale을 (0.5, 0.5, 0.5)로 설정하고 작은 그림과 같이 복사하여 4개의 나무를 배치합니다.

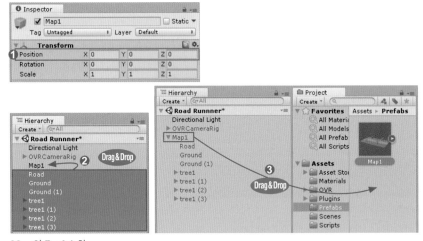

Map의 Prefab화

❶ 빈 오브젝트를 생성 후 이름을 Map1로 바꾸고 Position을 (0, 0, 0)으로 설정합니다.

❷ 만든 오브젝트들을 Map1에 끌어다 놓습니다.

❸ Map1을 Prefabs 폴더에 끌어다 놓은 후 Prefab화합니다.

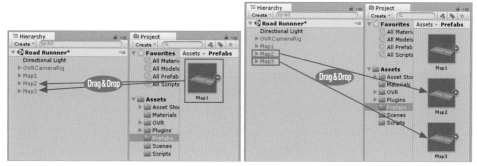

Map 추가

Prefab화된 **Map**을 다시 Hierarchy 뷰에 끌어다 놓고 2개를 생성한 후, 각각 Map2, Map3
로 이름을 변경합니다. 그다음 다시 Prefabs 폴더에 각각 끌어다 놓고 Prefab화합니다.

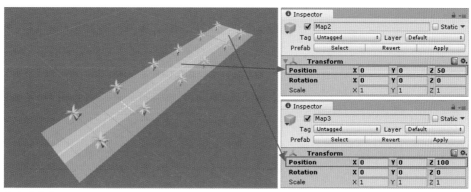

초기 맵 배치

다음 Map2의 Position z를 50, Map3의 Position z를 100으로 설정합니다.

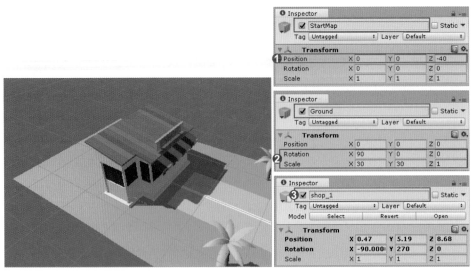

StartMap 생성 및 설정

❶ 빈 오브젝트를 생성합니다. 이름을 StartMap으로 설정하고 Position z를 −40으로 합니다.

❷ StartMap 아래에 Quad를 생성합니다. 이름을 Ground로 설정하고 Rotation x를 90으로 합니다. Scale x, y를 30으로 합니다. 그다음 Ground에는 Assets > Materials의 M_Ground를 적용합니다.

❸ Assets > Asset Store > Area730 > Stylized city > Models의 shop_1을 Scene 뷰 또는 Hierarchy 뷰에 끌어다 놓습니다. 그다음 그림과 같이 직접 조작하거나 Inspector 뷰에서 수정하여 이동합니다.

3.3.5 플레이어 구현

계속 달리면서 입력에 따라 좌, 우로 움직이는 플레이어를 구현하겠습니다.

Player 오브젝트 생성

빈 오브젝트를 생성하고 Position을 (0, 0, 0)으로 설정하고 이름을 Player로 변경합니다.
OVRCameraRig를 끌어다 놓습니다. CenterEyeAnchor의 Input Text는 제거합니다.

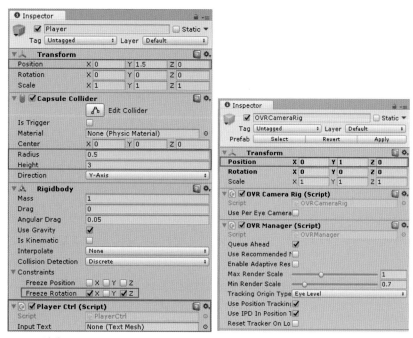

Player 설정

Inspector 뷰에서 **Player**의 Position y를 1.5로 지정합니다. Capsule Collider를 추가하
여 Radius를 0.5, Height를 3으로 합니다. **Rigidbody**를 추가하고 Constraints의 Freeze
Rotation에서 x와 z에 체크합니다. **PlayerCtrl**을 끌어다 놓고 적용합니다. OVRCameraRig
의 Position y를 1로 합니다. 이전에 적용한 OVRCameraRig의 PlayerCtrl은 삭제합니다.

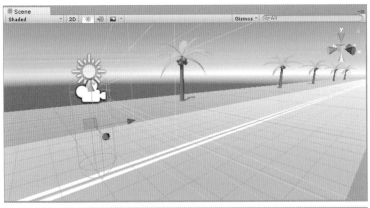

Player 설정 완료

Player의 설정이 완료되면 그림과 같이 Scene 뷰와 Game 뷰가 보입니다. PlayerCtrl 스크립트를 수정하여 플레이어의 기능을 구현해보겠습니다.

예제 **PlayerCtrl.cs** 플레이어 기능을 구현한 전체 소스 코드

```csharp
using System.Collections;
using System.Collections.Generic;
using UnityEngine;

enum Gesture { tap, up, down, forward, backward }
// Touch 입력을 열거형으로 정의한다.

public class PlayerCtrl : MonoBehaviour {

    public TextMesh InputText;
```

```
// 입력을 확인할 수 있는 TextMesh를 저장하는 변수

private Vector2 Input_Start;
// 터치, 클릭 입력의 시작 지점을 저장하는 변수

private Vector2 Input_End;
// 터치, 클릭 입력의 끝 지점을 저장하는 변수

private Gesture gesture;
// 열거형으로 정의된 입력을 저장하는 변수

private float Position_x;
// 좌, 우 이동 위치를 저장하는 변수

private float Speed;
// 플레이어의 달리는 스피드를 저장하는 변수

// Use this for initialization
void Start () {
    Position_x = 0.0f;
    // 플레이어의 Position x는 0으로 초기화한다.

    Speed = 10.0f;
    // 플레이어의 Speed는 10.0f로 초기화한다.

    StartCoroutine(SpeedUP());
    // 지속적으로 속도를 증가시키는 코루틴 함수를 불러온다.
}

// Update is called once per frame
void Update () {
    GestureInput();
    // GestureInput 함수를 불러온다.

    Run();
    // Run 함수를 불러온다.
}

void GestureInput()
{
    if (Input.GetMouseButtonDown(0))
    // 마우스 왼쪽 클릭 눌렀을 때
    // 터치 눌렀을 때
    {
```

```csharp
        Input_Start = Input.mousePosition;
        // 클릭, 터치의 시작 지점에 누른 위치를 저장한다.
    }

    if (Input.GetMouseButtonUp(0))
    // 마우스 왼쪽 클릭 뗐을 때
    // 터치 뗐을 때
    {
        Input_End = Input.mousePosition;
        // 클릭, 터치의 마지막 지점에 뗀 위치를 저장한다.

        Vector2 CurrentInput = (Input_End - Input_Start);
        // CurrentInput에 마지막 지점과 시작 지점을 빼고 저장한다.

        CurrentInput.Normalize();
        // CurrentInput을 정규화해준다.

        if (CurrentInput.x > 0 && CurrentInput.y < 0.5f && CurrentInput.y > -0.5f)
        // CurrentInput의 x는 0보다 크고 y는 0.5보다 작고 -0.5보다 큰 경우
        {
            InputText.text = "Backward";
            // InputText의 text를 Backward로 변경한다.

            gesture = Gesture.backward;
            // gesture 입력을 backward로 변경한다.
        }
        else if (CurrentInput.x < 0 && CurrentInput.y < 0.5f && CurrentInput.y > -0.5f)
        // CurrentInput의 x는 0보다 작고 y는 0.5보다 작고 -0.5보다 큰 경우
        {
            InputText.text = "Forward";
            // InputText의 text를 Forward로 변경한다.

            gesture = Gesture.forward;
            // gesture 입력을 forward로 변경한다.
        }
        else if (CurrentInput.y < 0 && CurrentInput.x < 0.5f && CurrentInput.x > -0.5f)
        // CurrentInput의 y는 0보다 작고 x는 0.5보다 작고 -0.5보다 큰 경우
        {
            InputText.text = "Down";
            // InputText의 text를 Down으로 변경한다.

            gesture = Gesture.down;
            // gesture 입력을 down으로 변경한다.
        }
```

```
        else if (CurrentInput.y > 0 && CurrentInput.x < 0.5f && CurrentInput.x > -0.5f)
        // CurrentInput의 x는 0보다 작고 y는 0.5보다 작고 -0.5보다 큰 경우
        {
            InputText.text = "Up";
            // InputText의 text를 Up으로 변경한다.

            gesture = Gesture.up;
            // gesture 입력을 up으로 변경한다.
        }
        else
        // 그 외의 경우(터치 후 움직이지 않음, 창 입력)
        {
            InputText.text = "Tap";
            // InputText의 text를 Tap으로 변경한다.

            gesture = Gesture.tap;
            // gesture 입력을 tap으로 변경한다.
        }
        Move_x();
        // 좌, 우 이동을 정하는 함수를 불러온다.
    }
}


void Run()
// 플레이어가 지속적으로 달리는 함수
{
    transform.position += transform.forward * Speed * Time.deltaTime;
    // 플레이어는 초당 Speed만큼 달린다.

    Vector3 MoveDir = new Vector3(Position_x, transform.position.y,
                                  transform.position.z);
    // 플레이어가 좌우로 이동할 거리를 저장한다.

    transform.position = Vector3.MoveTowards(transform.position, MoveDir,
                                  10.0f * Time.deltaTime);
    // 플레이어가 좌우로 초당 10의 속도로 이동한다.
}

void Move_x()
// 플레이어의 좌, 우 이동의 좌표를 결정하는 함수
{
    if (gesture == Gesture.forward)
    // gesture의 입력이 forward일 경우
    {
```

```csharp
            if (Position_x < 2.5f)
            // 좌우 이동 위치가 2.5f보다 작은 경우
            {
                    Position_x += 2.5f;
                    // 플레이어의 이동 위치를 2.5f만큼 더한다.
            }
        }

        if(gesture == Gesture.backward)
        // gesture의 입력이 backward일 경우
        {
            if (Position_x > -2.5f)
            // 좌우 이동 위치가 -2.5f보다 큰 경우
            {
                    Position_x -= 2.5f;
                    // 플레이어의 이동 위치를 2.5f만큼 뺀다.
            }
        }
    }


IEnumerator SpeedUP()
// 달리는 속력을 증가시키는 코루틴 함수
{
    while (true)
    // 무한 반복
    {
            yield return new WaitForSeconds(3.0f);
            // 3초 후

            Speed += 0.1f;
            // 속도를 0.1f 증가시킨다.
    }
    yield return null;
    // while문을 빠져나왔을 때 코루틴에 yield return이 없으면 오류가 발생한다.
    // 코루틴 종료
    }
}
```

입력 확인을 위한 텍스트는 사용하지 않으니 모두 제거합니다.

```csharp
enum Gesture { tap, up, down, forward, backward }
// Touch 입력을 열거형으로 정의한다.
```

enum은 프로그래밍 언어에서 열거형이라 부르고 상수에 이름을 붙여 좀 더 가독성을 좋게 하기 위해 사용합니다. tap부터 backward까지 0~4로 불러올 수 있습니다.

```
private Gesture gesture;
// 열거형으로 정의된 입력을 저장하는 변수

private float Position_x;
// 좌, 우 이동 위치를 저장하는 변수

private float Speed;
// 플레이어의 달리는 스피드를 저장하는 변수

// Use this for initialization
void Start () {
    Position_x = 0.0f;
    // 플레이어의 Position x는 0으로 초기화한다.

    Speed = 10.0f;
    // 플레이어의 Speed는 10.0f로 초기화한다.

    StartCoroutine(SpeedUP());
    // 지속적으로 속도를 증가시키는 코루틴 함수를 불러온다.
}
```

열거형으로 선언된 Gesture를 사용하기 위해 변수로 선언합니다. Position_x는 플레이어가 좌, 우로 이동하기 위한 위치를 결정할 때 사용합니다. Speed는 플레이어가 현재 달리는 속도입니다. Start에서 초기화해주고 지속적으로 속도가 증가하는 코루틴을 실행합니다.

```
// Update is called once per frame
void Update () {
    GestureInput();
    // GestureInput 함수를 불러온다.

    Run();
    // Run 함수를 불러온다.
}
```

Update에서는 계속 달리도록 Run을 호출합니다.

```
(. . .)
else if (CurrentInput.y > 0 && CurrentInput.x < 0.5f && CurrentInput.x > -0.5f)
// CurrentInput의 x는 0보다 작고 y는 0.5보다 작고 -0.5보다 큰 경우
{
    InputText.text = "Up";
    // InputText의 text를 Up으로 변경한다.

    gesture = Gesture.up;
    // gesture 입력을 Up으로 변경한다.
}
else
// 그 외의 경우(터치 후 움직이지 않음, 창 입력)
{
    InputText.text = "Tap";
    // InputText의 text를 Tap으로 변경한다.

    gesture = Gesture.tap;
    // gesture 입력을 Tap으로 변경한다.
}
Move_x();
// 좌, 우 이동을 정하는 함수를 불러온다.
(. . .)
```

각 입력에 대해 열거형 gesture의 상태를 변경합니다. 그다음 Move_x를 호출해 입력에 따라 좌, 우 이동할 위치를 결정합니다.

```
void Move_x()
// 플레이어의 좌, 우 이동의 좌표를 결정하는 함수
{
    if (gesture == Gesture.forward)
    // gesture의 입력이 forward일 경우
    {
        if (Position_x < 2.5f)
        // 좌우 이동 위치가 2.5f보다 작은 경우
        {
            Position_x += 2.5f;
            // 플레이어의 이동 위치를 2.5f만큼 더한다.
        }
    }

    if(gesture == Gesture.backward)
```

```
    // gesture의 입력이 backward일 경우
{
    if (Position_x > -2.5f)
    // 좌우 이동 위치가 -2.5f보다 큰 경우
    {
        Position_x -= 2.5f;
        // 플레이어의 이동 위치를 2.5f만큼 뺀다.
    }
    }
}
```

Move_x는 플레이어가 좌우로 이동할 위치를 입력에 따라 결정해주는 함수입니다. 불러왔을
때 gesture의 상태가 forward면 오른쪽으로 2.5만큼, backward면 왼쪽으로 2.5만큼 이동
위치를 지정합니다.

```
void Run()
// 플레이어가 지속적으로 달리는 함수
{
    transform.position += transform.forward * Speed * Time.deltaTime;
    // 플레이어는 초당 Speed만큼 달린다.

    Vector3 MoveDir = new Vector3(Position_x, transform.position.y,
                                  transform.position.z);
    // 플레이어가 좌우로 이동할 거리를 저장한다.

    transform.position = Vector3.MoveTowards(transform.position, MoveDir,
                                  10.0f * Time.deltaTime);
    // 플레이어가 좌우로 초당 10의 속도로 이동한다.
}
```

Run은 플레이어가 지속적으로 Speed만큼 달리면서 Move_x에 의해 Position_x가 결정되
면 좌우로 이동할 MoveDir가 정해 10의 속도로 이동하게 해주는 두 가지 기능을 수행하는 함
수입니다.

```
IEnumerator SpeedUP()
// 달리는 속력을 증가시키는 코루틴 함수
{
    while (true)
    // 무한 반복
    {
        yield return new WaitForSeconds(3.0f);
        // 3초 후

        Speed += 0.1f;
        // 속도를 0.1f 증가시킨다.
    }
    yield return null;
    // while문을 빠져나왔을 때 코루틴에 yield return이 없으면 오류가 발생한다.
    // 코루틴 종료
}
```

SpeedUP 코루틴은 지속적으로 3초마다 0.1씩 Speed를 증가시켜주는 기능을 수행합니다.

엔진에서 플레이어 조작 테스트

플레이어의 기능 구현을 완료했습니다. 엔진 또는 빌드 후 테스트해봅니다. 엔진에서 테스트할 때 왼쪽으로 제스처 입력을 할 경우 오른쪽으로 이동합니다. 오른쪽으로 제스처 입력을 할 경우 왼쪽으로 이동합니다.

3.3.6 장애물 구현

이번 게임에서 사용할 장애물

그림 속 오브젝트들을 이번 게임에서 장애물로 사용할 것입니다. 물론 다른 에셋을 골라 다른 오브젝트를 장애물로 선택해도 됩니다.

- Assets 〉 Asset Store 〉 Area730 〉 Stylized city 〉 Prefabs 〉 Cars 〉 bus (1)
- Assets 〉 Asset Store 〉 Area730 〉 Stylized city 〉 Prefabs 〉 Cars 〉 car_3 (8)
- Assets 〉 Asset Store 〉 Area730 〉 Stylized city 〉 Prefabs 〉 People 〉 armed_guy_1

위 에셋들을 보기 편하게 배치합니다. 그다음 버스와 자동차에는 Box Collider, 사람에게는 Capsule Collider를 추가합니다.

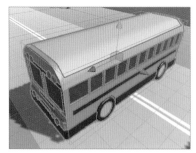

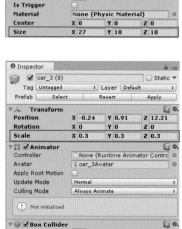

버스의 상태

자동차의 상태

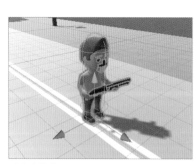

사람의 상태

앞의 그림들을 참고하여 각 오브젝트의 Scale과 Collider를 설정합니다. 사람은 Rotation y 를 180으로 지정합니다.

장애물에 태그 추가

장애물 하나를 선택 후 **Add Tag...**를 클릭하여 Trap 태그를 추가하고 장애물 모두 선택 후 Tag를 Trap으로 변경합니다. 설정 후 [**Apply**]를 클릭하여 저장합니다.

각 맵에 **Trap** 그룹 생성

각 Map에 빈 오브젝트를 생성하여 Position을 (0, 0, 0)으로 하고, 이름을 Trap으로 변경합 니다.

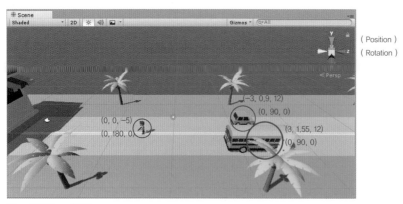

(Position)
(Rotation)

(−3, 0.9, 12)
(0, 90, 0)

(0, 0, −5)
(0, 180, 0)

(3, 1.55, 12)
(0, 90, 0)

Map1의 Trap 배치

버스, 자동차, 사람을 하나씩 Map1 〉Trap에 끌어다 놓습니다. 그림 속 좌표는 Trap 안에 끌어다 놓은 후의 좌표입니다. 그림과 같이 배치합니다.

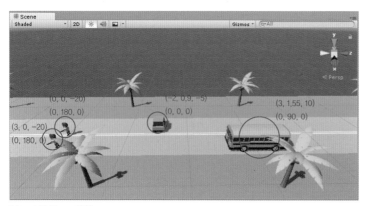

(0, 0, −20)
(0, 180, 0)

(−2, 0.9, −5)
(0, 0, 0)

(3, 1.55, 10)
(0, 90, 0)

(3, 0, −20)
(0, 180, 0)

Map2의 Trap 배치

버스, 자동차를 하나씩, 사람은 둘을 복사하여 Map2 〉Trap에 끌어다 놓습니다.

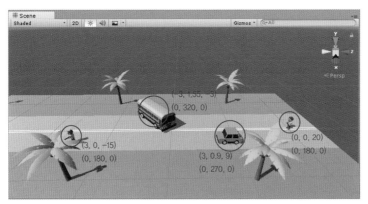

Map3의 Trap 배치

버스, 자동차를 하나씩, 사람은 둘을 복사하여 Map3 〉 Trap에 끌어다 놓습니다. 각 맵의 배치가 완료되면 Inspector 뷰에서 [Apply]를 클릭하여 저장합니다.

3.3.7 게임 오버

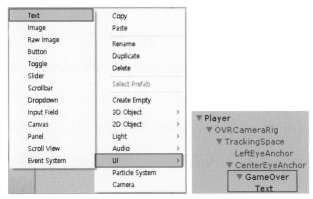

게임 오버 UI 생성

UI 〉 Text를 생성합니다. Canvas를 Player 〉 OVRCameraRig 〉 TrackingSpace 〉 CenterEyeAnchor에 끌어다 놓고 이름을 GameOver로 변경합니다.

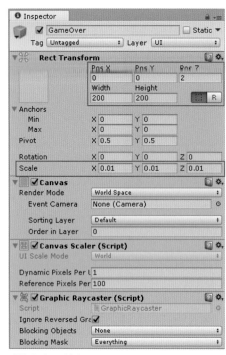
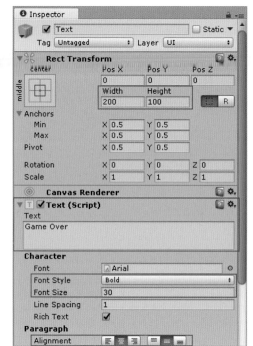

게임 오버 UI 설정

그림과 같이 GameOver과 Text를 설정합니다. Game Over UI가 완성되었으니 PlayerCtrl 스크립트를 수정하여 장애물에 닿으면 게임 오버 UI를 띄우고 3초 후 다시 시작되도록 해보겠습니다.

예제 PlayerCtrl.cs 장애물 충돌과 게임 오버를 추가한 소스 코드

```csharp
using System.Collections;
using System.Collections.Generic;
using UnityEngine;

enum Gesture { tap, up, down, forward, backward }
// Touch 입력을 열거형으로 정의한다.

public class PlayerCtrl : MonoBehaviour {

    public GameObject GameOverUI;
    // 게임 오버 UI를 저장하는 변수
```

```
(. . .)

// Use this for initialization
void Start () {

    (. . .)

    GameOverUI.SetActive(false);
    // 게임 오버 UI를 끈다.
}

(. . .)

IEnumerator GameOver()
// 게임 오버 UI를 띄우고 3초 후 다시 시작되는 코루틴 함수
{
    GameOverUI.SetActive(true);
    // 게임 오버 UI를 띄운다

    Speed = 0.0f;
    // 속도를 0으로 한다.

    StopCoroutine(SpeedUP());
    // SpeedUP 코루틴 함수를 종료한다.

    yield return new WaitForSeconds(3.0f);
    // 3초 대기한다.

    Application.LoadLevel(0);
    // 씬을 다시 불러온다.
}

void OnCollisionEnter(Collision coll)
// 충돌했을 때
{
    if (coll.collider.CompareTag("Trap"))
    // 충돌한 콜라이더의 태그가 Trap일 경우
    {
        StartCoroutine(GameOver());
        // GameOver 코루틴을 함수를 불러온다.
    }
}
}
```

게임이 시작되면 게임 오버 UI를 보이지 않게 하고, 장애물과 충돌하면 게임 오버 코루틴을 실행합니다. 속도를 0으로 만든 후 속도를 증가하지 않게 하고 게임 오버 UI를 보이게 한 후, 3초 뒤 게임을 재시작하는 코드를 추가해습니다

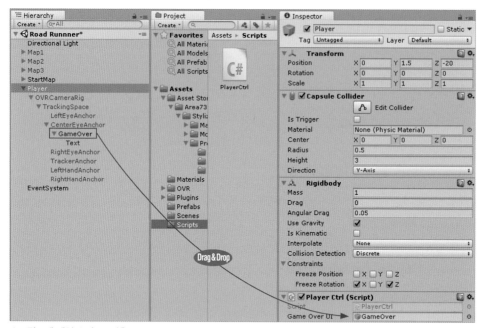

스크립트에 게임 오버 UI 적용

Player Ctrl (Script)의 Game Over UI에 이번에 만든 **GameOver**를 끌어다 놓습니다.

프로젝트에 씬 등록

Build Settings에서 [**Add Open Scenes**]를 클릭하여 씬을 등록합니다.

빌드 후 테스트

빌드 후 테스트해봅니다. 프레임이 많이 끊길 것입니다. 카메라에 먼 곳까지 모두 그리고 있기 때문입니다. 조금만 개선을 하기 위해 카메라를 설정하겠습니다.

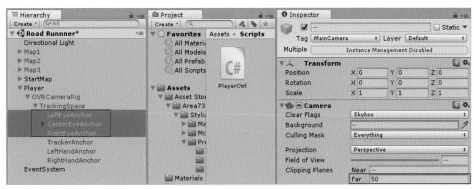

카메라 개선

Player 〉 TrackingSpace의 **LeftEyeAnchor, CenterEyeAnchor, RightEyeAnchor**를 모두 선택하고 Camera 컴포넌트에서 Clipping Planes의 **Far**를 50으로 변경합니다. 그다음 빌드 하고 테스트하면 조금 개선되었을 것입니다.

3.3.8 맵 무한 생성

맵 무한 생성은 플레이어가 달려온 거리에 따라 네 번째 칸부터 Map1~3 중 랜덤하게 하나를 생성하는 기능입니다. StartMap을 맵을 관리하는 오브젝트로 사용합니다. MapManager 스 크립트를 작성해보겠습니다.

MapManager 스크립트 생성

예제 MapManager.cs 맵을 무한 생성하는 전체 소스 코드

```csharp
using System.Collections;
using System.Collections.Generic;
using UnityEngine;

public class MapManager : MonoBehaviour {

    public Transform PlayerPosition;
    // 플레이어의 현재 위치를 저장하는 변수

    public GameObject[] Map = new GameObject[3];
    // 무한으로 생성할 세 가지 맵을 저장하는 변수

    private int SpawnedMap;
    // 현재 생성된 맵을 저장하는 변수

    // Use this for initialization
    void Start () {
        SpawnedMap = 3;
        // 현재 생성된 맵의 수는 3개이기 때문에 3으로 초기화한다.
    }

    // Update is called once per frame
    void Update () {
        if (PlayerPosition.position.z >= 50 * (SpawnedMap - 2))
        // 플레이어의 z 값이 50 * 생성된 맵의 수 - 2의 위치일 경우
        // 생성된 맵 3개 기준 50 * (3 - 2) = 50,
        // 플레이어가 달리면서 z 값이 50 이상 될 경우
        {
            Vector3 NextSpawn = new Vector3(0, 0, 50 * SpawnedMap);
            // 다음 생성될 맵의 위치를 저장하는 변수

            Instantiate(Map[Random.Range(0, 3)], NextSpawn, transform.rotation);
            // Map1~3 배열 기준 0 이상 3미만 중 랜덤하게 하나를
            // NextSpawn 위치에 생성한다.
```

```
            SpawnedMap++;
            // 현재 생성된 맵의 수를 1 증가한다.
        }
    }
}
```

플레이어의 현재 위치와 현재 생성된 맵 개수를 이용하여 세 가지 맵 중 하나를 랜덤하게 무한 생성하는 기능을 구현했습니다. 주요 코드를 자세히 살펴보겠습니다.

```
if (PlayerPosition.position.z >= 50 * (SpawnedMap - 2))
// 플레이어의 z 값이 50 * 생성된 맵의 수 - 2의 위치일 경우
// 생성된 맵 3개 기준 50 * (3 - 2) = 50, 플레이어가 달리면서 z 값이 50 이상이 될 경우
```

플레이어가 달리면 z 값이 증가합니다. 그렇게 현재의 위치가 파악되고, 그 위치가 현재 생성된 맵이 3개라고 생각했을 때 플레이어의 z 값이 50인 Map2의 중간에 도착하면 새로운 맵을 생성하는 기능을 작동합니다.

```
Vector3 NextSpawn = new Vector3(0, 0, 50 * SpawnedMap);
// 다음 생성될 맵의 위치를 저장하는 변수

Instantiate(Map[Random.Range(0, 3)], NextSpawn, transform.rotation);
// Map1~3 배열 기준 0 이상 3 미만 중 랜덤하게 하나를 NextSpawn 위치에 생성한다.

SpawnedMap++;
// 현재 생성된 맵의 수를 1 증가한다.
```

처음 기준으로 맵은 총 3개이고 Map3의 z 값은 100입니다. 그래서 다음 생성될 맵의 위치는 50 * 현재 생성된 맵의 수 3을 곱하면 z 값 150의 위치가 됩니다. 위치를 NextSpawn에 저장 후 맵을 생성하고 현재 생성된 맵의 수를 증가시켜주고 기능을 종료합니다.

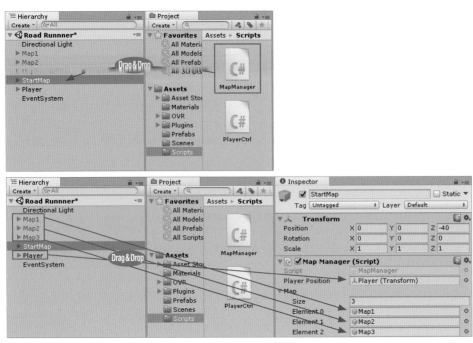

MapManager 적용

MapManager 스크립트를 StartMap에 끌어다 놓습니다. 다음 **Map1~3**과 **Player**를 각각 위치에 끌어다 놓습니다.

이제 게임의 기능은 모두 구현되었습니다. 부족함은 배경음악을 추가하여 채워보겠습니다.

배경음악 에셋

위 에셋을 임포트합니다.

배경음악 에셋 임포트

Let's Go! v2.wav만 선택하고 [**Import**]를 클릭합니다.

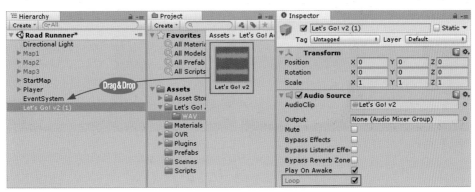

배경음악 적용

Let's Go! Action Soundtrack 〉 WAV의 **Let's Go! v2**를 Hierarchy 뷰에 끌어다 놓습니다. 끌어다 놓은 배경음악 오브젝트를 선택하고 Loop를 체크합니다.

이제 유니티 엔진 또는 스마트폰에 빌드하여 기어 VR을 장착 후 테스트해봅니다.

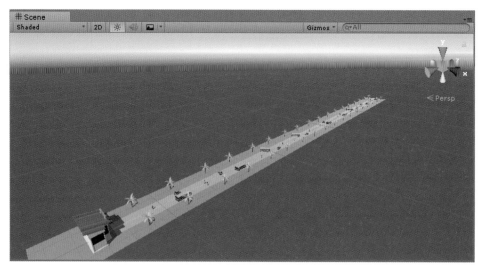

엔진에서 테스트 중의 Scene 뷰

엔진에서 테스트하여 Scene 뷰를 보면 달려갈수록 뒤에 맵이 무한으로 생성됩니다.

빌드 후 테스트

빌드하여 테스트합니다. 그다음 머리를 돌려서 상점을 바라보면 바로 앞의 장애물과 부딪혀 게임 오버를 당할 수 있습니다.

지금까지 기어 VR의 두 번째 게임 〈로드 러너〉를 개발했습니다. 이 게임처럼 직접 테마로 만들고 싶은 VR 러닝 게임을 만들어보기 바랍니다.

3.4 마치며

- 기어 VR 개발 환경을 구축하고 간단한 게임 두 가지를 만들어보았습니다.

- 적 캐릭터의 간단한 AI와 애니메이션 조작을 구현해보았습니다.

- Line Renderer를 이용한 조준점을 구현해보았습니다.

- 총알을 만들고 Trail Renderer를 이용한 레이저 궤적을 구현해보았습니다.

- 총알의 효과음과 이펙트를 구현해보았습니다.

- 코루틴 함수를 이용하여 딜레이를 주는 기능을 구현해보았습니다.

- 제스처 입력을 구현해보았습니다. 일반 모바일 게임에서도 이용할 수 있습니다.

- 무한히 생성되는 일직선 맵을 구현해보았습니다.

- 함수를 이용하여 기능을 나누어보았습니다.

> **TIP** 기어 VR 게임을 개발하고 오큘러스 스토어에 등록하기 위해서는 60프레임 미만으로 떨어지면 안 됩니다.
>
>
>
> VR Samples
> Unity Essentials/Sa...
> Unity Technologies
> ★★★★ (👤392)
> 무료
>
> **VR 개발 참조 에셋**
>
> 좀 더 도움이 되는 자료가 필요하다면 유니티에서 제공하는 VR Samples를 에셋 스토어에서 설치하여 참조합니다.

CHAPTER 4

HTC VIVE 게임 개발

HTC VIVE는 2개의 센서를 통한 룸 스케일 기능 덕택에 한정된 공간이나마 몸을 움직일 수 있고, 2개이 컨트롤러를 이용하여 좀 더 실감 나는 VR 게임을 개발할 수 있습니다. HTC VIVE를 설치하고 개발 환경을 구축한 다음, 간단한 게임 두 가지를 개발하겠습니다.

4.1 VIVE 설정 및 SteamVR 개발 환경 구축

4.1.1 VIVE 설정 소프트웨어 설치

HTC VIVE 홈페이지에 접속합니다.

URL https://www.vive.com/kr/

HTC VIVE 홈페이지

중간 위에 [설정 | 다운로드]를 누릅니다.

HTC VIVE 설치 페이지

[Vive 설정 다운로드]를 클릭하여 파일을 설치합니다.

HTC VIVE 설치 파일

설치된 파일을 실행합니다.

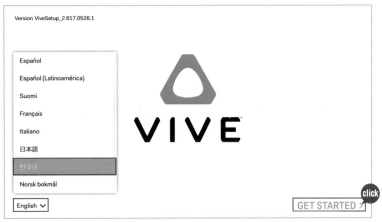

HTC VIVE 설치 – 1

설치 파일이 실행되면 왼쪽 아래의 **English**를 클릭하여 한국어로 변경합니다. 그다음 **GET STARTED**를 클릭하여 설치를 진행합니다.

HTC VIVE 설치 - 2

동의 및 다음 버튼을 클릭하여 설치를 진행합니다.

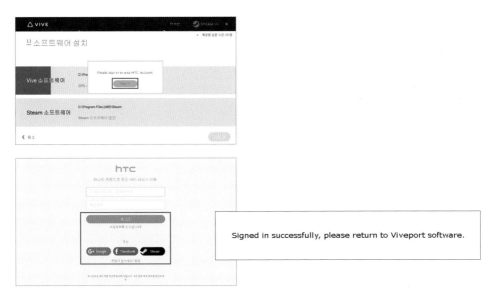

HTC VIVE 설치 – 3

VIVE 소프트웨어 설치 중간에 HTC에 로그인을 요청하는 문구가 나타납니다. **[Sign in]**을 클릭하여 로그인 화면에서 회원가입 또는 Google, Facebook, Steam 계정으로 로그인합니다. 로그인이 완료되면 오른쪽 화면이 등장하고 설치를 계속 진행됩니다.

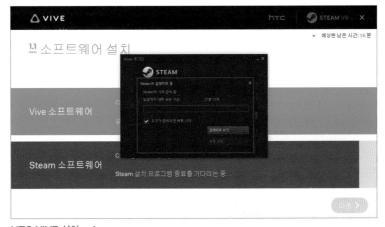

HTC VIVE 설치 – 4

Steam 소프트웨어 설치 중에 SteamVR 업데이트를 진행합니다.

SteamVR 실행

설치가 완료되면 위 화면처럼 작은 화면이 실행됩니다.

4.1.2 HTC VIVE 세팅

SteamVR 방 설정 - 1

왼쪽 위 **SteamVR**을 누른 후 **방 설정 실행하기**를 시작합니다.

SteamVR 방 설정 - 2

HTC VIVE에서는 방 크기를 지정하여 일정 공간을 사용하는 방식과 서 있는 자세 별도의 방 크기를 지정하지 않는 설정 두 가지가 있습니다. 이 책에서는 **서 있는 자세**로 개발하겠습니다.

SteamVR 방 설정 – 3

센서와 VIVE 헤드셋을 준비합니다. 센서는 하나만 설치해도 무관합니다. 이번 단계가 완료되면 [다음] 버튼을 누릅니다.

SteamVR 방 설정 – 4

테스트를 할 때 원하는 위치에 헤드셋을 두고 가운데 조정을 클릭하여 설정하고 [다음] 버튼을 클릭합니다.

SteamVR 방 설정 – 5

헤드셋의 바닥, 가상 공간에서 플레이어가 서 있을 땅의 높이를 헤드셋 기준으로 잡습니다. VIVE 헤드셋을 바닥에 두고 기본으로 설정되어 있는 **0cm**로 설정하고 [**바닥 조정**]을 클릭하여 [**다음**]을 누릅니다.

SteamVR 방 설정 – 6

SteamVR 방 설정이 완료되었습니다.

4.1.3 SteamVR Plugin 설치

새 프로젝트를 생성하여 이름을 HTC Vive Robot Hunter로 합니다.

SteamVR Plugin

그다음 에셋 스토어에서 **SteamVR Plugin**을 설치하고 전체 임포트합니다.

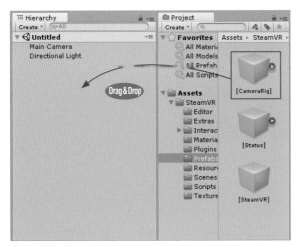

SteamVR 개발 환경 적용

Main Camera를 지우고 **Assets 〉 SteamVR 〉 Prefabs**의 **[CameraRig]**를 Hierarchy 뷰에 끌어다 놓습니다. 그다음 엔진에서 테스트해봅니다.

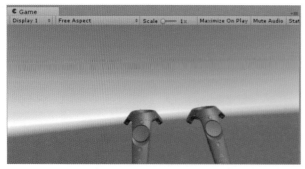

개발 환경 테스트 – 1

VIVE 헤드셋을 쓰고 컨트롤러를 인식하면 화면에 보입니다.

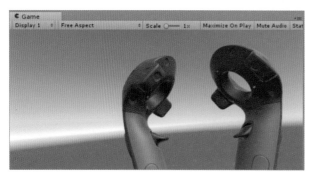

개발 환경 테스트 – 2

버튼 조작을 하면 입력되는 모습도 볼 수 있습니다.

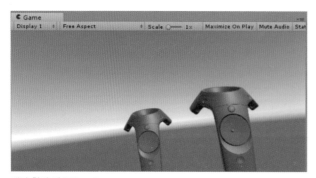

개발 환경 테스트 – 3

터치패드에 손가락을 올리면 어디에 터치하고 있는지 볼 수 있습니다. HTC VIVE의 개발 환경 구축을 완료했습니다.

4.2 건 슈팅 게임 〈로봇 헌터〉

4.2.1 게임 소개

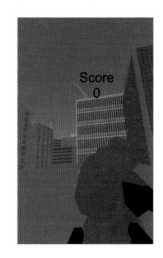

게임 플레이 화면 – 1

〈로봇 헌터〉는 시작하면 플레이어의 두 개의 컨트롤러는 총이 되어 있습니다. 그 총으로 다가오는 로봇들을 쓰러뜨리는 게임입니다. 플레이어가 보는 화면 상단에는 Score가 표시되어 있고 하단에는 HP가 표시되어 있습니다.

적 로봇은 플레이어에게 다가와 3초에 한 번씩 주먹으로 공격을 하고, 플레이어는 10의 대미지를 받으면서 공격을 받을 때마다 화면에는 빨간 화면으로 잠깐 전환됩니다. HP가 0이 되면 게임은 다시 시작됩니다.

게임 플레이 화면 – 2

컨트롤러의 트리거 버튼을 클릭하면 총이 발사됩니다. 로봇에 맞으면 파란 이펙트가 나타납니다. 10발을 로봇에 맞히면 로봇은 사라지고 Score 100점을 획득합니다.

적은 일정 위치에서 최초에는 3초에 한 대, 리스폰될 때마다 0.01초씩 단축됩니다.

4.2.2 게임에서 사용할 에셋 설치

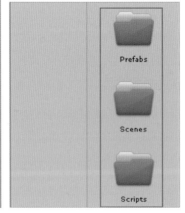

에셋 폴더 생성

먼저 Animations, Asset Store, Materials, Prefabs, Scenes, Scripts 폴더를 생성합니다.

〈로봇 헌터〉에 사용할 배경 에셋

배경 에셋은 전체 임포트합니다.

〈로봇 헌터〉의 적 캐릭터 에셋

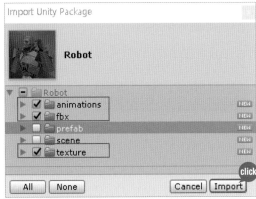

임포트할 적 캐릭터 에셋

적 캐릭터 에셋은 animations, fbx, animations 폴더만 [Import]합니다.

플레이어 무기 에셋

무기 에셋은 전체 임포트합니다.

이펙트 에셋

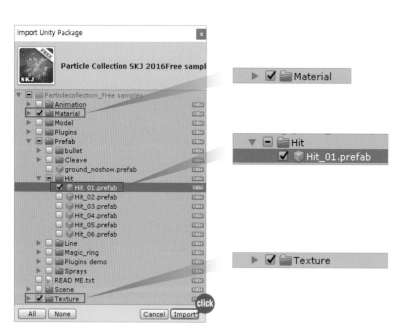

임포트할 이펙트 에셋

이펙트 에셋은 Material, Texture 폴더는 전체, **Prefab 〉 Hit 〉 Hit_01.prefab**만 **[Import]**합니다.

총 효과음 에셋

임포트할 효과음 에셋

총 효과음 에셋은 hand_gun 폴더만 **[Import]**합니다.

배경음악 에셋

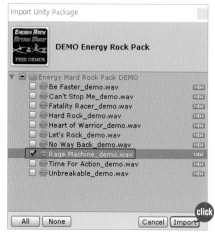

임포트할 배경음악 에셋

배경음악 에셋은 **Rage Machine_demo.wav**만 [**Import**]합니다. Import한 모든 에셋은
Asset Store 폴더에 끌어다 놓습니다.

4.2.3 Scene 디자인

이번 게임에서는 에셋에 만들어진 Sample Scene을 사용하여 Scene 디자인을 하겠습니다.

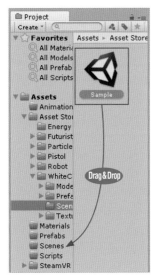

배경 에셋의 Sample Scene 이동

Assets 〉 Asset Store 〉 WhiteCity 〉 Scenes 폴더의 Sample를 Asset 〉 Scenes 폴더에 끌어다 놓습니다. 그다음 Sample를 더블클릭하여 열어줍니다.

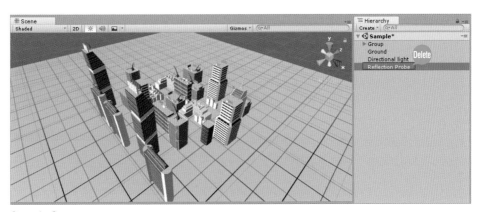

Sample Scene

Scene을 열고 Reflection Probe를 삭제합니다.

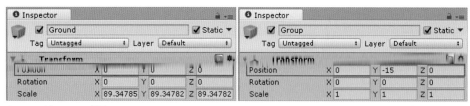

Ground와 Group 설정

오브젝트의 Position 값을 그림과 같이 수정합니다.

- Ground 오브젝트 (0, 0, 0), Group 오브젝트 (0, −15, 0)

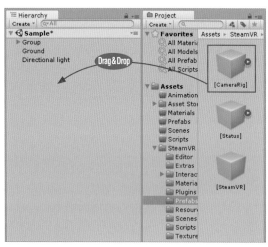

VR 카메라 배치

Assets > SteamVR > Prefabs 폴더의 **[CameraRig]**을 Hierarchy 뷰에 끌어다 놓습니다.
[CameraRig]의 Position 값이 (0, 0, 0)이 아닌 경우 (0, 0, 0)으로 변경합니다.

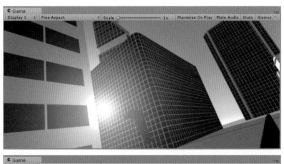

Scene 디자인 테스트

VIVE가 연결된 상태라면 디자인된 Scene을 엔진에서 테스트해봅니다. 주변을 둘러보면 적이 거리를 돌아다니는 것을 볼 수 있습니다.

4.2.4 VIVE 컨트롤러 모델 추가

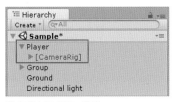

플레이어 오브젝트 생성

빈 오브젝트를 생성 후 이름을 Player로 하고 맨 위로 끌어서 올립니다. 그다음 [CameraRig]를 Player에 끌어다 놓습니다.

여기서 VIVE 컨트롤러 모델을 띄우는 방법은 두 가지가 있습니다.

VIVE가 연결된 상태에서 모델 띄우기

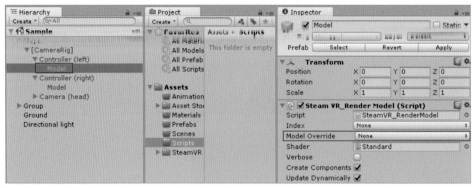

컨트롤러 모델 띄우기

[CameraRig] 〉 Controller(left) 〉 Model을 누릅니다.

Inspector 뷰에서 Steam_VR_Render Model (Script) 컴포넌트의 **Model Override**를 설
정합니다.

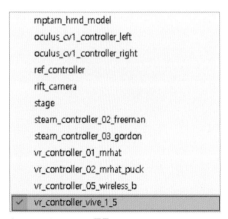

SteamVR Model 종류

다양한 모델링들이 있으나 VIVE 컨트롤러가 필요하기 때문에 **vr_controller_vive_1_5**
를 선택하면, Scene 뷰에 컨트롤러 모델이 띄워집니다. VIVE를 연결하지 않으면 Model
Override는 아무것도 표시되지 않습니다.

VIVE가 연결되지 않은 상태에서 모델 띄우기

먼저 Models 폴더를 추가합니다.

Models 폴더 추가

그다음 탐색기에서 `C:\Program Files(x86)\Steam\steamapps\common\SteamVR\resources\` `rendermodels\vr_controller_vive_1_5` 또는 SteamVR이 설치된 경로로 이동합니다.

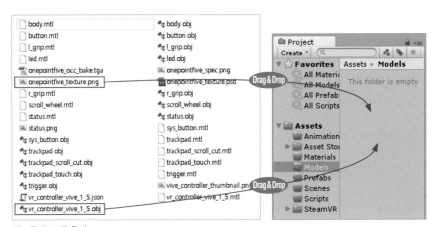

컨트롤러 모델 추가

이 폴더에서 **onepointfive_texture.png** 파일과 **vr_controller_vive_1_5.obj** 파일을 엔진의 Models 폴더에 끌어다 놓습니다.

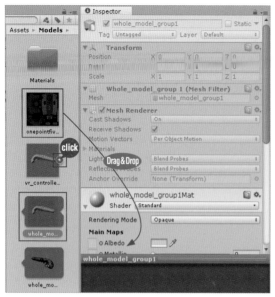

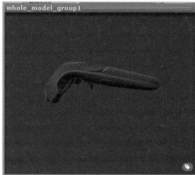

컨트롤러 모델 텍스처 적용

vr_controller_vive_1_5 에셋 아이콘 오른쪽의 화살표(◀)를 누릅니다. **whole_model_
group1**을 누른 후 **onepointfive_texture**를 Albedo에 끌어다 놓으면, 오른쪽 그림과 같이
적용됩니다.

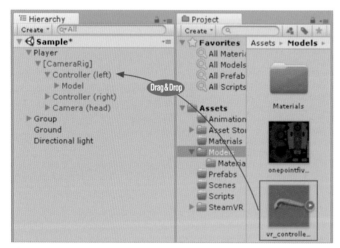

컨트롤러 모델 Scene에 추가 - 1

vr_controller_vive_1_5를 [CameraRig] 〉 Controller(left)에 끌어다 놓습니다.

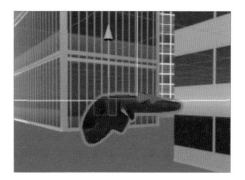

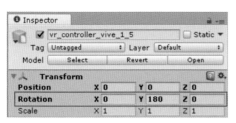

컨트롤러 모델 Scene에 추가 - 2

다음 Scene에 추가한 vr_controller_vive_1_5의 Rotation을 (0, 180, 0)으로 설정합니다.

지금까지 두 가지 방법의 컨트롤러 모델을 유니티 엔진에 적용하는 방법을 알아보았습니다.

4.2.5 플레이어 무기 모델링 적용

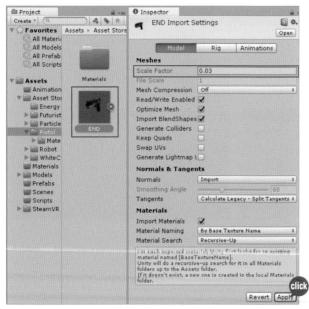

무기 모델링 설정

Assets 〉Asset Store 〉Pistol 폴더의 [**END**]를 누르고 Inspector 뷰에서 Scale Factor를 0.03으로 변경 후 오른쪽 하단의 [**Apply**]를 클릭합니다.

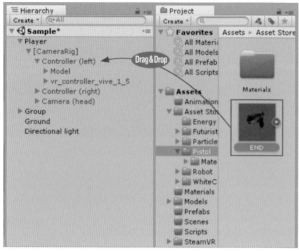

무기 모델링 적용 – 1

다음 **END**를 [CameraRig] 〉Controller(left)에 끌어다 놓습니다.

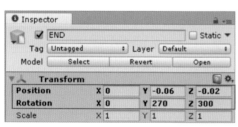

무기 모델링 적용 – 2

END의 Position을 (0, −0.06, −0.02), Rotation을 (0, 270, 300)으로 설정하면, 오른쪽 그림과 같이 VIVE 컨트롤러 모양에 맞게 총을 배치하게 됩니다.

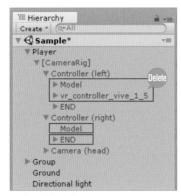

무기 모델링 적용 – 3

END를 복사하여 Controller(right)에 끌어다 놓습니다. 그다음 각 컨트롤러의 Model과 vr_controller_vive_1_5을 삭제합니다. 모델이 잘 적용되었는지 VIVE와 양손 컨트롤러를 연결한 상태에서 테스트해봅니다.

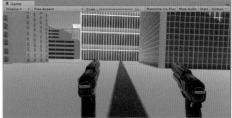

무기 모델링 적용 테스트

헤드셋을 쓰고 컨트롤러를 인식하면 총이 나타납니다.

4.2.6 총알 구현

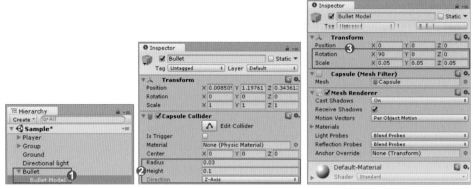

총알 추가

❶ 빈 오브젝트를 추가하고 이름을 **Bullet**, 그 아래에 **3D Object > Capsule**을 추가하고 **Bullet Model**로 이름을 변경합니다.

❷ Bullet의 Position은 무시하고 **Capsule Collider**를 추가하여 Radius는 0.03, Height는 0.1, Direction은 Z–Axis로 변경합니다.

❸ Bullet Model의 Rotation은 (90, 0, 0), Scale는 (0.05, 0.05, 0.05)로 설정한 후, Capsule Collider는 제거합니다.

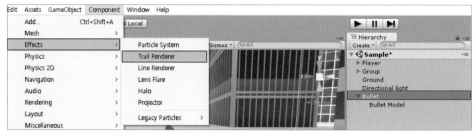

총알에 Trail Renderer 적용

Bullet을 누른 후 **Component > Effects**의 Trail Renderer를 적용합니다.

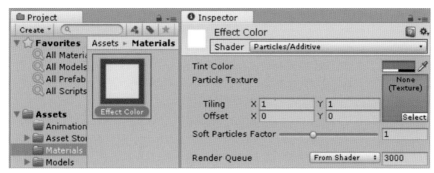

Effect Color Material 추가

Assets 〉 Materials 폴더에 Material을 추가하고 이름을 Effect Color로 변경합니다. 그리고
Effect Color의 Shader를 Particles 〉 Additive로 변경합니다.

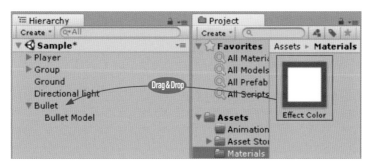

Bullet에 Effect Color

Effect Color를 Bullet에 끌어다 놓습니다.

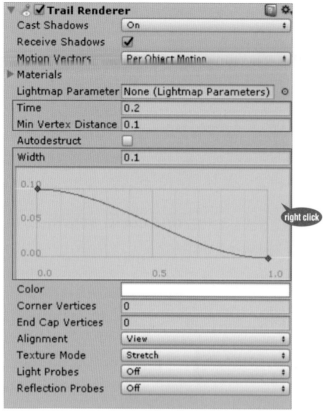

Bullet의 Trail Renderer 설정

Bullet의 Trail Renderer에서 Time을 0.2, Min Vertex Distance는 0.1, Width는 0.1로 변경하고, 그래프를 우클릭하여 **Add Key**로 점을 추가하여 그림과 같이 적용합니다.

이제 스크립트를 추가하여 총알이 날아가게 해보겠습니다. 먼저 Scripts 폴더에 새 스크립트를 생성하고 이름을 BulletCtrl로 합니다.

예제 **BulletCtrl.cs** 총알이 날아가다 3초 후 제거되는 전체 소스 코드

```
using System.Collections;
using System.Collections.Generic;
using UnityEngine;

public class BulletCtrl : MonoBehaviour {
```

```
private float BulletSpeed = 25.0f;
// 총알이 날아가는 속도를 저장하는 변수

// Use this for initialization
void Start () {
    Destroy(gameObject, 3.0f);
        // 총알은 3초 후에 제거한다.
}

// Update is called once per frame
void Update () {
    transform.position += transform.forward * BulletSpeed * Time.deltaTime;
        // 총알을 매초 BulletSpeed만큼 날아간다.
    }
}
```

3.2절에서 구현한 BulletCtrl과 기능은 동일하고 수치만 다릅니다. 총알이 초당 25의 거리를 날아가다가 3초 후 제거되는 기능입니다.

BulletCtrl을 Bullet에 끌어다 놓습니다.

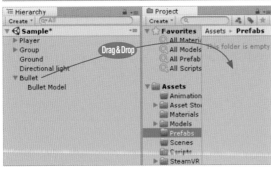

그다음 **Bullet**을 Prefabs 폴더에 끌어다 놓고 Prefab화합니다.

BulletCtrl 적용과 **Bullet**의 Profab화

Bullet Tag 적용

Bullet의 Tag에 'Bullet'을 추가하여 적용한 후 **[Apply]**를 클릭합니다.

4.2.7 Trigger 입력으로 총알 발사

Scripts 폴더에 MyGizmo 스크립트를 추가하고 편집해보겠습니다.

예제 MyGizmo.cs 전체 소스 코드

```
using System.Collections;
using System.Collections.Generic;
using UnityEngine;

public class MyGizmo : MonoBehaviour {

    public Color color = Color.green;
    // 색을 저장하는 변수
    public float radius = 0.02f;
    // 반지름을 저장하는 변수

    // Gizmo를 그리는 함수
    void OnDrawGizmos()
    {
        Gizmos.color = color;
        // Gizmo의 색을 color 변수의 색으로 한다

        Gizmos.DrawSphere(transform.position, radius);
        // Gizmo를 Sphere 형태로 현재 위치에 반지름 사이즈로 그린다.
    }
}
```

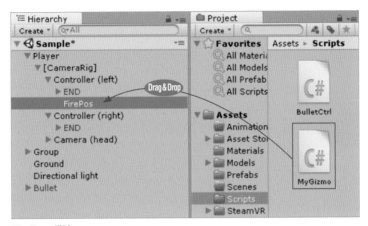

FirePos 생성

Controller(left) 아래에 빈 오브젝트를 생성하고 이름을 **FirePos**로 변경합니다. 그다음 **MyGizmo**를 FirePos에 끌어다 놓습니다.

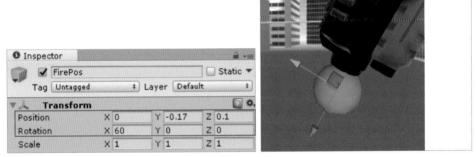

FirePos 위치 지정

FirePos의 위치를 총구 앞에 위치하도록 Position을 (0, −0.17, 0.1), Rotation을 (60, 0, 0)으로 적용하거나 직접 옮겨줍니다.

오른손에 FirePos 추가

FirePos를 복사한 후 Controller(right)에 끌어다 놓습니다.

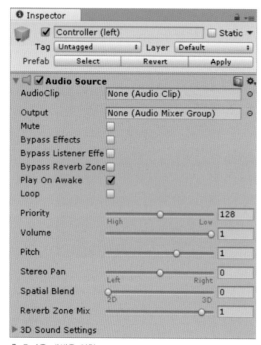

총 효과음 재생을 위한 Audio Source

Controller(left), Controller(right)에 각각 **Audio Source** 컴포넌트를 추가합니다. 그다음 Scripts 폴더에 HandCtrl 스크립트를 생성하고 편집합니다.

예제 HandCtrl.cs 컨트롤러로 총알을 발사하는 전체 소스 코드

```
using System.Collections;
using System.Collections.Generic;
using UnityEngine;

public class HandCtrl : MonoBehaviour {

    public GameObject Bullet;
    // 총알을 저장하는 변수
    public Transform FirePos;
    // 총알을 발사하는 위치를 저장하는 변수
    public AudioClip ShotSound;
    // 총알 효과음을 저장하는 변수

    private SteamVR_TrackedObject controller;
    // 바이브 컨트롤러 정보를 가진 스크립트를 변수
    private SteamVR_Controller.Device device;
    // 바이브 컨트롤러 정보를 가지고 조작을 담당하는 스크립트 변수
    private AudioSource _audio;
    // 효과음을 재생하기 위한 컴포넌트

    // Use this for initialization
    void Start () {
        controller = GetComponent<SteamVR_TrackedObject>();
        // 바이브 컨트롤러 정보를 가진 스크립트를 controller에 저장

        _audio = GetComponent<AudioSource>();
        // 효과음 재생을 위한 AudioSource 컴포넌트를 _audio에 저장
    }

    // Update is called once per frame
    void Update () {
        device = SteamVR_Controller.Input((int)controller.index);
        // 바이브 컨트롤러의 디바이스 입력 정보를 실시간으로 device에 저장

        if (device.GetPressDown(SteamVR_Controller.ButtonMask.Trigger))
        // 바이브 컨트롤러의 Trigger 버튼이 클릭됐을 때
        {
            _audio.PlayOneShot(ShotSound);
            // 총 효과음 1회 재생

            Instantiate(Bullet, FirePos.position, FirePos.rotation);
            // 총알을 FirePos에 생성
```

```
            device.TriggerHapticPulse(1200);
            // 바이브 컨트롤러에 진동을 줌
        }
    }
}
```

새로운 코드 위주로 설명하겠습니다.

```
private SteamVR_TrackedObject controller;
// 바이브 컨트롤러 정보를 가진 스크립트를 변수
```

Controller(left), Controller(right)는 각각 위 스크립트를 가지고 있습니다.

플레이 중 센서가 컨트롤러를 감지하면 화면에 컨트롤러가 나타나게 하면서 각 컨트롤러는 Device 번호를 부여받습니다. 그 정보를 가져오기 위한 변수입니다.

```
private SteamVR_Controller.Device device;
// 바이브 컨트롤러 정보를 가지고 조작을 담당하는 스크립트 변수
```

디바이스 번호를 불러와서 그 기계의 다양한 조작을 담당하는 스크립트입니다. 선언한 두 가지 스크립트는 SteamVR Plugin에서 제공하는 기능입니다.

```
device = SteamVR_Controller.Input((int)controller.index);
// 바이브 컨트롤러의 디바이스 입력 정보를 실시간으로 device에 저장
```

controller에서 Device 번호를 받아서 어떤 디바이스에 기능을 작동시킬지 정합니다. 이 코드를 Update에서 호출하는 이유는 다양한 상태에 의해 컨트롤러의 연결이 해제되고 다시 연결될 수 있기 때문입니다.

```
if (device.GetPressDown(SteamVR_Controller.ButtonMask.Trigger))
// 바이브 컨트롤러의 Trigger 버튼이 클릭됐을 때
{
    _audio.PlayOneShot(ShotSound);
    // 총 효과음 1회 재생
```

```
        Instantiate(Bullet, FirePos.position, FirePos.rotation);
        // 총알을 FirePos에 생성

        device.TriggerHapticPulse(1200);
        // 바이브 컨트롤러에 진동을 준다.
    }
```

if 문 안에 있는 내용이 컨트롤러 입력에 관련된 내용입니다. VIVE의 Trigger 버튼을 클릭하면 효과음을 1회 재생하면서 총알을 발사하고 VIVE 컨트롤러에 진동을 주는 기능입니다.

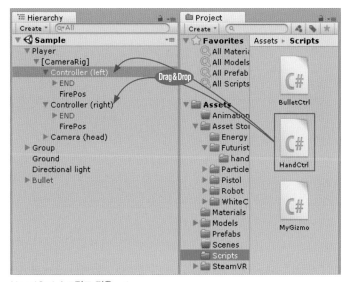

HandCtrl 스크립트 적용 – 1

HandCtrl 스크립트를 Controller(left), Controller(right)에 각각 끌어다 놓습니다.

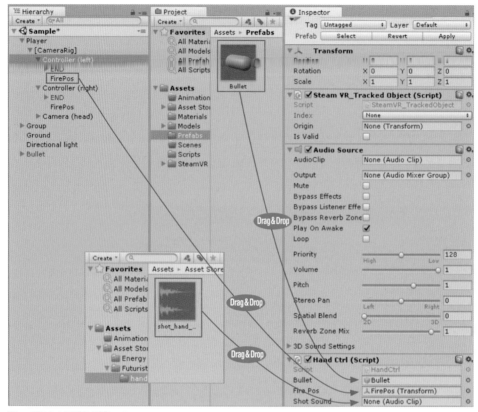

HandCtrl 스크립트 적용 – 2

Assets 〉 Prefabs의 Bullet Prefab, Assets 〉 Asset Store 〉 FuturisticWeaponsSet 〉
hand_gun 폴더의 shot_hand_gun 효과음 파일을 각 컨트롤러의 HandCtrl 스크립트에 끌
어다 놓습니다. 그다음 각 컨트롤러 아래에 있는 FirePos를 HandCtrl 스크립트에 끌어다 놓
습니다.

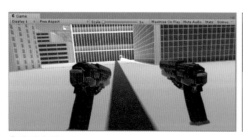
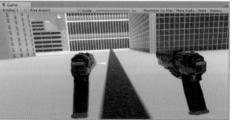

총알 발사 테스트

구현을 완료했으니 VIVE가 연결된 상태에서 컨트롤러를 들고 테스트를 합니다. 각 컨트롤러의 Trigger 버튼을 클릭하면 총알이 발사됩니다.

4.2.8 적 캐릭터 모델과 애니메이션 설정

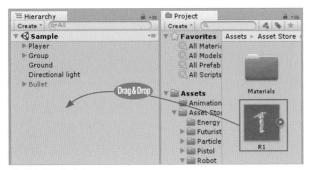

적 캐릭터 모델 추가

Assets 〉Asset Store 〉Robot 〉fbx 폴더에 **R1**을 Hierarchy 뷰에 끌어다 놓습니다.

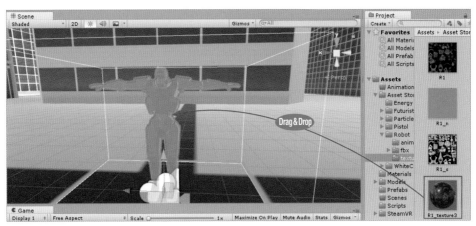

적 캐릭터 Material 적용

Assets 〉Asset Store 〉Robot 〉texture 폴더의 **R1_texture3** Material을 Hierarchy 뷰의 R1에 끌어다 놓습니다.

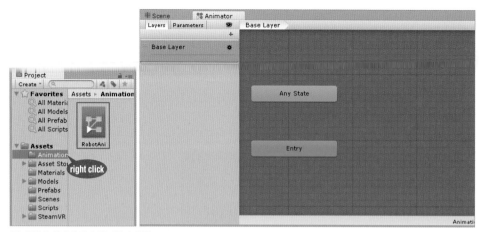

적 캐릭터 애니메이터 컨트롤러 생성

Assets 〉 Animations 폴더에 우클릭 후 Create 〉 Animator Controller를 생성한 후 더블클릭하여 Animator 뷰을 열어줍니다.

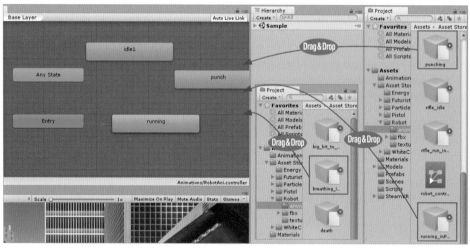

애니메이션 등록

Asset Store 〉 Robot 〉 animations 폴더에 breathing_idle, punching, running_inPlace를 Animator 뷰에 끌어다 놓습니다.

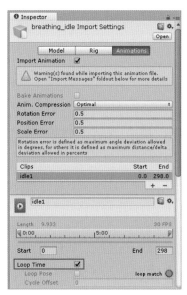

애니메이션 반복 설정

breathing_idle, running_inPlace 애니메이션은 가만히 서 있는 자세와 달리는 자세이고 반복하는 애니메이션입니다. 반복 설정이 되어 있지 않기 때문에 애니메이션을 선택하고 오른쪽 위 [Animatoins]를 누른 후 아래에 있는 **Loop Time**을 체크합니다.

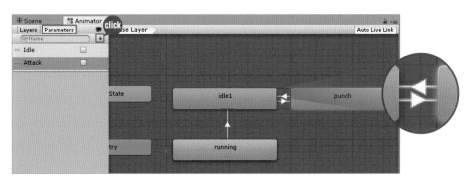

애니메이터 설정

왼쪽 위 Parameters로 들어가 ➕ 버튼을 누르고 Bool을 선택하여 Idle과 Attack 파라미터를 생성합니다. 다음 애니메이션들을 보기 좋게 배치하고 각 애니메이션을 우클릭 후 Make Transition을 클릭하여 위 그림과 같이 running → idle1, idle1 → punch, punch → idle1로 이어줍니다.

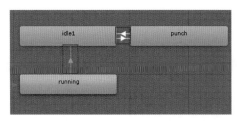

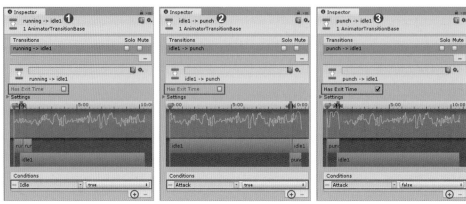

애니메이션 파라미터 설정

각 화살표를 클릭하여 애니메이션 파라미터를 설정합니다.

❶ **running → idle1**: 뛰던 중 플레이어와 가까워지면 즉시 애니메이션이 변경되어야 하기 때문에 Has Exit Time 체크를 해제합니다. Condition의 ➕ 버튼을 클릭하여 Idle를 추가하고 True가 되면 상태를 변경하게 합니다.

❷ **idle1 → punch**: 위 상태와 동일하게 Has Exit Time을 체크 해제하고 Conditions에는 Attack을 추가하고 True가 되면 상태를 변경하게 합니다.

❸ **punch → idle1**: 공격 애니메이션이 끝나면 애니메이션이 변경되도록 Has Exit Time을 체크한 상태로 두고 Condition에 Attack을 추가하고 false가 되면 다시 idle1로 돌아가게 합니다.

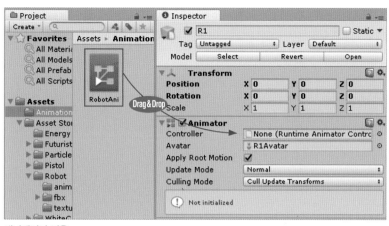

애니메이터 적용

적 캐릭터 오브젝트 Animator 컴포넌트의 Controller에 **RobotAni**를 끌어다 놓습니다.

4.2.9 적 캐릭터의 공격과 죽음

적 캐릭터가 플레이어에게 건물을 피해서 다가오게 하기 위해 유니티의 내비게이션 기능을 사용할 것입니다. 이 기능은 장애물 등을 회피하며 미리 이동할 경로의 범위를 지정하고 목적지까지 그 범위만 이용하여 이동하는 기능입니다.

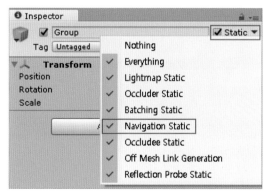

Navigation Static 설정

먼저 맵 오브젝트 전체를 오른쪽 위 Static의 **Navigation Static**으로 설정해야 합니다. 현재 사용중인 에셋은 전체 Static으로 설정되어 있기에 설정을 해야 한다는 것만 알려주고 계속 진행하셨습니다

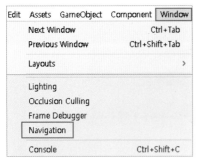

Navigation 창 추가

Window › Navigation을 클릭하여 창을 열어줍니다.

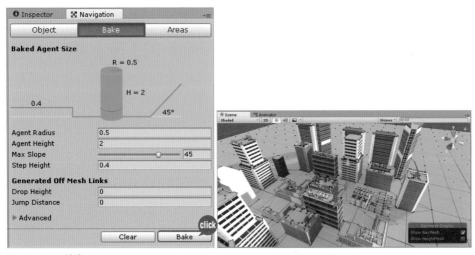

Navigation 설정

Navigation 창에서 Bake로 들어가 오른쪽 하단의 [Bake]를 클릭합니다. Bake가 완료되면 오른쪽 그림과 같이 Navigation의 범위가 지정되는 것을 확인할 수 있습니다.

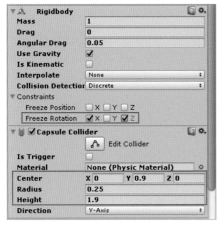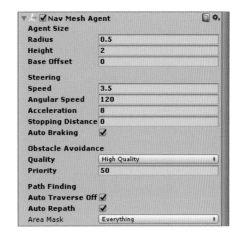

적 캐릭터 컴포넌트 추가

적 캐릭터 오브젝트 **R1**을 누르고 Inspector 뷰에서 Rigidbody, Capsule Collider, Nav Mesh Agent를 추가합니다. Capsule Collider의 Center는 (0, 0.9, 0), Radius는 0.25, Height는 1.9로 설정합니다.

Rigidbody의 Constraints에서 Freeze Rotation의 X와 Z에 체크하여 넘어지지 않게 합니다.

이제 Scripts 폴더에 EnemyCtrl 스크립트를 생성하고 편집하겠습니다.

예제 **EnemyCtrl.cs** 적 캐릭터의 기능 전체 소스 코드

```
using System.Collections;
using System.Collections.Generic;
using UnityEngine;
using UnityEngine.AI;

public class EnemyCtrl : MonoBehaviour {

    public GameObject HitEffect;
    // 적 캐릭터가 공격 받으면 발생할 이펙트를 저장하는 변수
    private int HP;
    // 적 캐릭터의 HP를 서상하는 면수
    private GameObject Player;
    // Player 오브젝트를 저장하는 변수
```

```
private NavMeshAgent navMesh;
// NavMeshAgent 컴포넌트를 저장하는 변수
private Animator ani;
// animator 컴포넌트를 저장하는 변수
private bool isAttack;
// 공격 중 상태를 저장하는 변수

// Use this for initialization
void Start () {
    HP = 100;
    // 시작 HP를 100으로 지정
    Player = GameObject.Find("Player");
    // Hierarchy 뷰에서 Player 이름을 가진 오브젝트를 찾아서 Player에 저장
    navMesh = GetComponent<NavMeshAgent>();
    // 추적을 위한 NavMeshAgent 컴포넌트를 저장
    ani = GetComponent<Animator>();
    // 애니메이션 변경을 위한 Animator 컴포넌트를 저장
    navMesh.destination = Player.transform.position;
    // 추적 대상을 플레이어의 위치로 지정
}

// Update is called once per frame
void Update () {
    float Distance = Vector3.Distance(Player.transform.position,
                                     transform.position);
    // 플레이어와 적 캐릭터 사이의 거릿값을 구해서 저장하는 변수
    if (Distance <= 2.0f)
    // 사잇값 2.0f 이하인 경우
    {
        navMesh.Stop();
        // 추적을 종료
        if (isAttack == false)
        // 공격 상태가 아닌 경우
        {
            ani.SetBool("Idle", true);
            // 애니메이터의 Idle을 true로 한다.
            StartCoroutine(Attack());
            // Attack 코루틴 함수를 불러온다.
        }
    }
}

IEnumerator Attack()
{
```

```csharp
        isAttack = true;
        // 공격 상태를 true로 한다.
        yield return new WaitForSeconds(3.0f);
        // 3초간 대기한다.
        ani.SetBool("Attack", true);
        // 애니메이터의 Attack을 true로 한다.
        yield return new WaitForSeconds(0.5f);
        // 0.5초간 대기한다
        isAttack = false;
        // 공격 상태를 false로 한다.
        ani.SetBool("Attack", false);
        // 애니메이터의 Attack을 false로 한다.
    }

    // 충돌 함수
    void OnCollisionEnter(Collision coll)
    {
        if (coll.gameObject.CompareTag("Bullet"))
        // 충돌한 오브젝트의 Tag가 Bullet인 경우
        {
            GameObject hitEffect = Instantiate(HitEffect, coll.transform.position,
                                               coll.transform.rotation);
            // 충돌한 위치에 Hit 이펙트를 생성한다.
            Destroy(coll.gameObject);
            // 충돌한 오브젝트를 제거한다.
            Destroy(hitEffect, 2.0f);
            // Hit 이펙트를 2초 후 제거한다.
            HP -= 10;
            // HP를 10 깎는다.
            if (HP <= 0)
            // HP가 0 이하가 되면
            {
                Destroy(gameObject);
                // 자기 자신을 제거한다.
            }
        }
    }
}
```

새로운 코드와 설명이 필요한 코드 위주로 설명하겠습니다.

```
using UnityEngine.AI;
(. . .)
    private NavMeshAgent navMesh;
    // NavMeshAgent 컴포넌트를 저장하는 변수
```

NavMeshAgent는 UnityEngine.AI에 속하는 변수입니다. 사용하기 위해 using으로 넣어주었고 NavMeshAgent를 작동시키기 위해 위 변수를 선언했습니다.

```
Player = GameObject.Find("Player");
// Hierarchy 뷰에서 Player 이름을 가진 오브젝트를 찾아서 Player에 저장
```

Find 함수는 Hierarchy 뷰에서 맨 첫 번째 오브젝트부터 전체를 찾아서 name과 같은 오브젝트를 찾을 때 사용합니다. Player 변수에 Player 이름을 가진 오브젝트를 저장하기 위해 사용했습니다.

```
navMesh.destination = Player.transform.position;
// 추적 대상을 플레이어의 위치로 지정
```

NavMeshAgent에서 지정한 위치를 추적하는 기능이고 플레이어를 추적합니다.

```
float Distance = Vector3.Distance(Player.transform.position, transform.position);
// 플레이어와 적 캐릭터 사이의 거릿값을 구해서 저장하는 변수
```

Vector3.Distance는 지정된 두 위치 사이의 값을 float 형으로 구해주는 함수입니다.

```
if (Distance <= 2.0f)
// 사잇값 2.0f 이하인 경우
{
    navMesh.Stop();
    // 추적을 종료
    (. . .)
```

구한 사잇값이 2.0f 이하가 되면 추적을 종료합니다.

```
if (isAttack == false)
// 공격 상태가 아닌 경우
{
    ani.SetBool("Idle", true);
    // 애니메이터의 Idle을 true로 한다.
    StartCoroutine(Attack());
    // Attack 코루틴 함수를 불러온다.
}
( . . .)
IEnumerator Attack()
{
    isAttack = true;
    // 공격 상태를 true로 한다.
    yield return new WaitForSeconds(3.0f);
    // 3초간 대기한다.
    ani.SetBool("Attack", true);
    // 애니메이터의 Attack을 true로 한다.
    yield return new WaitForSeconds(0.5f);
    // 0.5초간 대기한다
    isAttack = false;
    // 공격 상태를 false로 한다.
    ani.SetBool("Attack", false);
    // 애니메이터의 Attack을 false로 한다.
}
```

처음 isAttack은 별도로 지정하지 않았기 때문에 false입니다. 그다음에는 Idle 애니메이션으로 변경해주고 Attack 코루틴을 호출합니다. 다음 Update에서 Attack 코루틴 호출을 막기 위해 isAttack을 true로 변경합니다. 3초 대기 후 Attack 파라미터를 true로 변경하고, 공격 애니메이션을 재생하고, 0.5초 후 주먹이 플레이어에게 닿을 때 공격을 종료합니다.

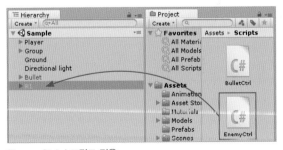

EnemyCtrl 스크립트를 R1에 끌어다 놓습니다.

EnemyCtrl 스크립트 적용

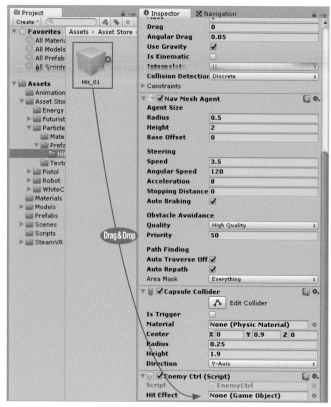

Hit Effect 등록

Assets 〉 Asset Store 〉 Particlecollection_Free samples 〉 Prefab 〉 Hit 폴더의 **Hit_01**을
R1의 EnemyCtrl 스크립트 Hit Effect에 끌어다 놓습니다.

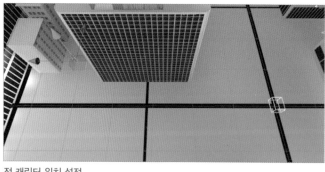

적 캐릭터 위치 설정

기능 테스트를 위해서 적
캐릭터를 Player로부터
먼 곳에 자유롭게 배치합
니다.

적 캐릭터 테스트

이제 테스트를 진행해서 적 캐릭터가 플레이어를 찾아와서 공격하는지 확인하고 총으로 10발을 맞혀 쓰러뜨려봅니다.

4.2.10 플레이어 대미지 이펙트

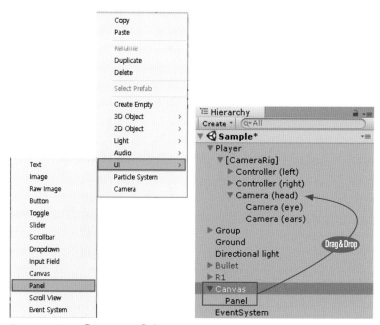

Damage Effect용 UI Panel 추가

Hierarchy 뷰에 우클릭 후 **UI 〉 Panel**을 추가합니다. 그다음 그 **Panel**을 Player 〉 [CameraRig] 〉 Camera (head)에 끌어다 놓습니다.

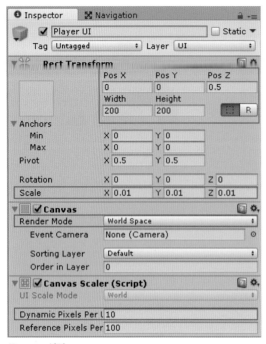

Canvas 설정

Canvas를 Player UI로 이름을 변경하고, 그림과 같이 Player UI의 Render Mode를 World Space로 변경하고, Rect Transform에서 Pos X, Y, Z 값을 (0, 0, 0.5), Width와 Height을 200으로, Canvas Scaler의 Dynamic Pixels Per Unit 값을 10으로 설정합니다.

Panel 설정

Panel은 Damage Effect로 이름을 변경하고 , 애니메이션Animation 컴포넌트를 추가하여 이펙트 애니메이션을 게임에 집어넣겠습니다. **Add Component**를 클릭하여 **Animation**을 추가합니다.

Image의 Color를 클릭해 그림과 같이 빨간색 맨밑의 A 값은 0으로 설정합니다.

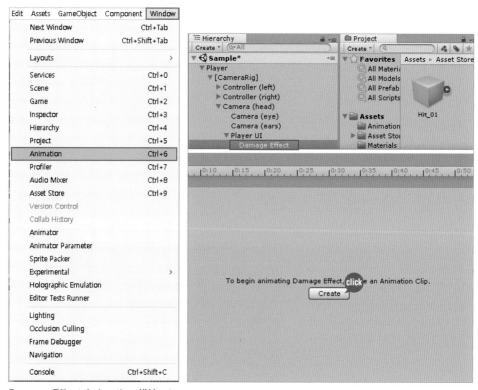

Damage Effect Animation 생성 – 1

Window 〉 Animation 탭을 열고 **Damage Effect**가 선택된 상태에서 Animation 탭의 **[Create]**를 버튼을 클릭합니다.

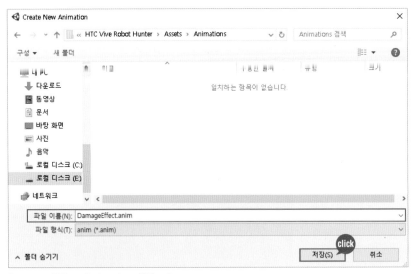

Damage Effect Animation 생성 – 2

Assets > Animations 폴더에 DamageEffect라는 이름으로 저장합니다.

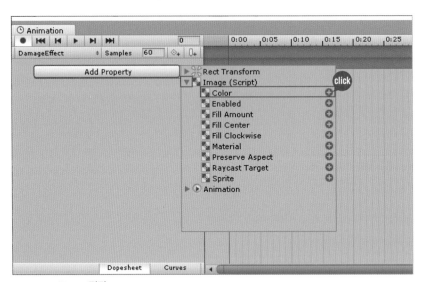

Damage Effect 편집 – 1

Animation 탭에서 [Add Property]를 누르고 Image (Script)의 왼쪽 화살표(▼)를 클릭하여 Color의 오른쪽 ⊕ 버튼을 클릭합니다.

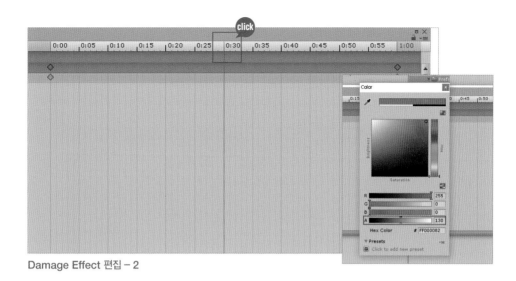

Damage Effect 편집 – 2

그림과 같이 왼쪽에는 Damage Effect : Image.Color가 추가되었고 오른쪽에 점 두 개가 추가되었습니다. 화면을 편집하여 대미지 이펙트를 만듭니다. 점은 Key라고 하고 진행하겠습니다. Key를 추가하기 위해 위 빨간 네모가 처진 **0:30** 구간을 마우스로 클릭합니다. **Damage Effect Image**의 **Color**를 클릭하여 A의 값을 130으로 올려줍니다.

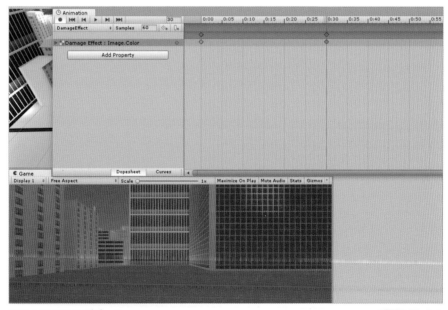

Damage Effect 편집 – 3

값을 변경하는 순간 Key가 생기고 Damage Effect는 빨간 화면을 띄웁니다. 양 끝의 Key는 처음에 설정한 Color의 상태를 가지고 있기 때문에 Animation 탭의 재생(▶) 버튼을 클릭해보면 빨간색이 깜빡이는 애니메이션이 완성된 것을 본 수 있습니다.

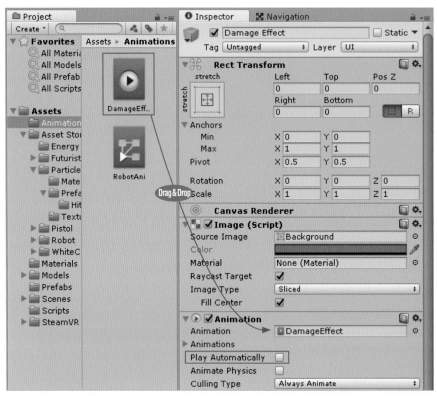

Damage Effect 적용

Assets 〉 Animations 폴더의 DamageEffect를 Damage Effect 오브젝트의 Animaion에 끌어다 놓습니다. 자동으로 플레이 되지 않게 Play Automatically의 체크는 해제합니다.

이제 PlayerCtrl 스크립트를 생성한 후 EnemyCtrl 스크립트를 수정하여 공격을 받으면 Damage Effect가 발생되도록 하겠습니다.

```csharp
using System.Collections;
using System.Collections.Generic;
using UnityEngine;

public class PlayerCtrl : MonoBehaviour {

    public Animation DamageEffect;
    // 대미지 이펙트 애니메이션을 저장할 변수
    private int HP;
    // 플레이어의 HP를 저장하는 변수

    // Use this for initialization
    void Start () {
        HP = 50;
        // 플레이어의 HP는 50부터 시작
    }

    // 대미지를 받는 함수 (다른 스크립트에서 사용하기 때문에 public)
    public void ApplyDamage(int Damage)
    {
        DamageEffect.Play();
        // 대미지 이펙트를 재생
        HP -= Damage;
        // HP를 받은 Damage만큼 감소
        if(HP <= 0)
        // HP가 0 이하면
        {
            Application.LoadLevel(0);
            // 0번 씬을 불러와서 게임을 다시 시작
        }
    }
}
```

Damage Effect의 Animation 컴포넌트를 저장할 변수 DamageEffect를 선언했습니다.

ApplyDamage는 적 캐릭터에서 불러올 예정이기 때문에 public으로 선언했습니다. 이 기능을 사용하면 ApplyDamage(적 캐릭터 공격력) 방식으로 사용하고 처음에 DamageEffect의 애니메이션을 재생하게 **Play** 함수를 사용하고 HP를 Damage만큼 줄여 HP가 0 이하가 되면 게임이 다시 시작되게 했습니다.

[예제] EnemyCtrl.cs 플레이어에게 대미지 주는 기능을 추가한 소스 코드

```
using System.Collections;
using System.Collections.Generic;
using UnityEngine;
using UnityEngine.AI;

public class EnemyCtrl : MonoBehaviour {

    (. . .)
    private GameObject Player;
    // Player 오브젝트를 저장하는 변수
    (. . .)

    IEnumerator Attack()
    {
        isAttack = true;
        // 공격 상태를 true로 한다.
        yield return new WaitForSeconds(3.0f);
        // 3초간 대기한다.
        ani.SetBool("Attack", true);
        // 애니메이터의 Attack을 true로 한다.
        yield return new WaitForSeconds(0.5f);
        // 0.5초간 대기한다
        Player.GetComponent<PlayerCtrl>().ApplyDamage(10);
        // Player 오브젝트의 PlayerCtrl 스크립트에서 ApplyDamage를 사용
        // 10 대미지를 준다.
        isAttack = false;
        // 공격 상태를 false로 한다.
        ani.SetBool("Attack", false);
        // 애니메이터의 Attack을 false로 한다.
    }
    (. . .)
}
```

앞에서 저장했던 Player 오브젝트에서 **GetComponent** 함수를 이용하여 PlayerCtrl 스크립트를 불러오고, ApplyDamage에 10을 줘서 10 대미지를 플레이어가 받게 만들어보겠습니다.

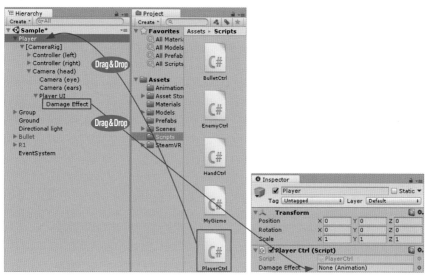

플레이어 기능 적용

먼저 **PlayerCtrl** 스크립트를 Player 오브젝트에 끌어다 놓은 후에 **Player 〉 [CameraRig] 〉
Camera(head) 〉 Player UI 〉 Damage Effect**를 스크립트의 DamageEffect에 끌어다 놓습
니다.

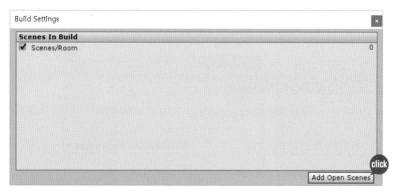

프로젝트에 Scene 등록

File 〉 Build Settings...를 열어 [**Add Open Scenes**]를 클릭하여 현재 Scene을 추가합니다.
그다음 적 캐릭터를 플레이어에게 조금 가까이 두고 테스트를 진행해서 대미지를 받는지 확인
해보기 바랍니다.

4.2.11 플레이어 Score와 UI

Player UI를 우클릭 후 **UI > Text**를 두 번 생성합니다.

HP와 Score를 표시할 UI 생성

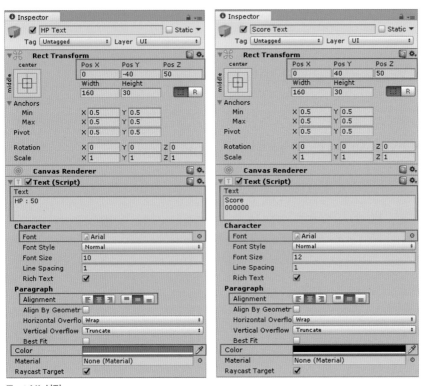

Text UI 설정

각각 HP Text, Score Text로 이름을 변경하고 Rect Transform, Text, font Size, Alignment, Color를 그림과 같이 설정합니다.

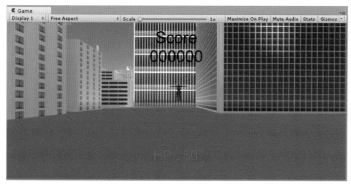

Text UI 설정 완료

설정이 완료되면 그림과 같습니다.

이제 PlayerCtrl 스크립트를 수정하여 Score를 추가하고 UI가 변경되게 하고 EnemyCtrl 스크립트를 수정하여 적 캐릭터가 죽으면 Score가 100점 올라가게 하겠습니다.

예제 **PlayerCtrl.cs** 스코어 관련 기능이 추가된 전체 소스 코드

```csharp
using System.Collections;
using System.Collections.Generic;
using UnityEngine;
using UnityEngine.UI;

public class PlayerCtrl : MonoBehaviour {

    public Animation DamageEffect;
    // 대미지 이펙트 애니메이션을 저장할 변수
    public Text ScoreText;
    // 스코어 텍스트 UI를 저장하는 변수
    public Text HPText;
    // HP 텍스트 UI를 저장하는 변수
    private int HP;
    // 플레이어의 HP를 저장하는 변수
    private int Score;
    // 플레이어의 Score를 저장하는 변수

    // Use this for initialization
    void Start () {
        HP = 50;
```

```
        // 플레이어의 HP는 50부터 시작
        ScoreText.text = "Score\n" + Score;
        // 스코어 텍스트 UI의 Text를 현재 Score의 값으로 변경
        HPText,text = "HP : " + HP·
        // HP 텍스트 UI의 Text를 현재 HP의 값으로 변경
    }

    // 대미지를 받는 함수(다른 스크립트에서 사용하기 때문에 public)
    public void ApplyDamage(int Damage)
    {
        DamageEffect.Play();
        // 대미지 이펙트를 재생
        HP -= Damage;
        // HP를 받은 Damage만큼 감소
        HPText.text = "HP : " + HP;
        // HP 텍스트 UI의 Text를 현재 HP의 값으로 변경
        if (HP <= 0)
        // HP가 0 이하면
        {
            Application.LoadLevel(0);
            // 0번 씬을 불러와서 게임을 다시 시작
        }
    }

    // 스코어를 증가하는 함수(다른 스크립트에서 사용하기 때문에 public)
    public void ScoreUP(int Score)
    {
        this.Score += Score;
        // 플레이어의 스코어에 받아온 Score를 더한다.
        ScoreText.text = "Score\n" + this.Score;
        // 스코어 텍스트 UI의 Text를 현재 플레이어의 Score의 값으로 변경
    }
}
```

UI 기능을 사용하기 위해 UnityEngine.UI를 추가했고, UI 요소 각각의 Text를 초기화한 후, 함수가 호출될 때마다 Text를 변경합니다. ScoreUP 함수에서 this는 자기 자신이 가진 것을 불러올 때 쓰는 기능이고 받아오는 Score와 가지고 있는 변수 Score의 이름이 같기 때문에 this.Score를 사용하여 가지고 있는 Score를 불러옵니다.

예제 **EnemyCtrl.cs** 스코어 관련 기능이 추가된 소스 코드

```
using System.Collections;
using System.Collections.Generic;
using UnityEngine;
using UnityEngine.AI;
(. . .)
public class EnemyCtrl : MonoBehaviour {

    // 충돌 함수
    void OnCollisionEnter(Collision coll)
    {
        if (coll.gameObject.CompareTag("Bullet"))
        // 충돌한 오브젝트의 Tag가 Bullet인 경우
        {
            (. . .)
            HP -= 10;
            // HP를 10 깎는다.
            if (HP <= 0)
            // HP가 0 이하가 되면
            {
                Destroy(gameObject);
                // 자기 자신을 제거한다.
                Player.GetComponent<PlayerCtrl>().ScoreUP(100);
                // Player 오브젝트의 PlayerCtrl 스크립트에서 ScoreUP을 사용
                // 스코어 100점 증가
            }
        }
    }
}
```

ApplyDamage와 동일하게 Player 오브젝트에서 PlayerCtrl 스크립트의 ScoreUP 기능을
불러와서 현재 스코어에 100점을 더합니다.

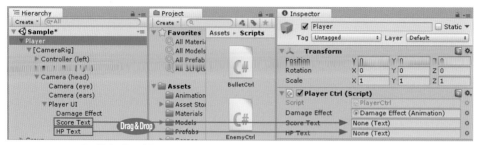

PlayerCtrl 스크립트 추가 기능 적용

Player 오브젝트의 PlayerCtrl (Script)에 **Score Text**와 **HP Text**를 각각 끌어다 놓습니다.

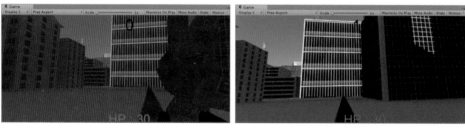

UI 적용 테스트

테스트를 진행하여 대미지를 받아본 후 적을 쓰러뜨려보고, HP와 Score가 변하는지 확인합니다. 테스트 중 UI 위 아래가 모니터 화면에서는 잘려 보일 수 있습니다.

4.2.12 적 캐릭터 리스폰

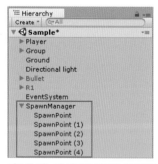

리스폰 기능과 위치를 지정할 오브젝트 추가

빈 오브젝트를 생성하고 이름을 SpawnManager로 변경한 후 Position을 (0, 0, 0)으로 설정합니다. 그다음 **SpawnManager**를 우클릭 후 빈 오브젝트를 생성하고 이름을 SpawnPoint로 변경하고 복사, 붙여넣기하여 총 5개를 만듭니다.

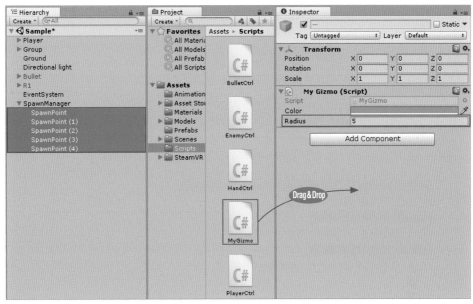

생성 위치를 시각화하기 위한 Gizmo 적용

SpawnPoint를 Shift 또는 Ctrl 키를 이용하여 모두 선택하여 MyGizmo 스크립트를 Inspector 뷰에 끌어다 놓고 SpwanPoint 전체에 추가합니다. 더 자세히 보기 위해 MyGizmo의 Radius를 5로 설정합니다.

생성 위치 조작

SpawnPoint를 직접 조작하여 원하는 위치에 배치하거나 그림과 같이 배치합니다.

SpawnManager 스크립트를 생성하여 적 캐릭터를 생성하는 기능을 추가해보겠습니다.

예제 **SpawnManager.cs** 적 캐릭터 무한 생성 기능의 전체 소스 코드

```csharp
using System.Collections;
using System.Collections.Generic;
using UnityEngine;

public class SpawnManager : MonoBehaviour {

    public Transform[] SpawnPoint = new Transform[5];
    // 생성 위치를 저장하는 배열
    public GameObject Enemy;
    // 적 캐릭터를 저장하는 변수
    private float SpawnTime;
    // 적 캐릭터 생성 시간을 저장하는 변수

    // Use this for initialization
    void Start () {
        SpawnTime = 3.0f;
        // 생성 시간을 3초로 지정
        StartCoroutine(Spawn());
        // 무한 생성 코루틴 호출
    }

    // 적을 계속 생성하는 코루틴
    IEnumerator Spawn()
    {
        while (true)
        // 무한 반복
        {
            int point = Random.Range(0, 5);
            // point 변수는 0~4까지 랜덤한 값을 저장, 적 생성 위치 결정
            Instantiate(Enemy, SpawnPoint[point].position, SpawnPoint[point].rotation);
            // 적 캐릭터를 결정된 생성 위치에 생성한다.
            yield return new WaitForSeconds(SpawnTime);
            // SpawnTime만큼 대기
            SpawnTime -= 0.01f;
            // SpawnTime을 0.01초 줄인다.
        }
        yield return null;
    }
}
```

5개의 생성 위치를 저장합니다. 생성 시간을 처음에 3초로 지정하면 무한히 생성하는 기능입니다. 적 생성 후 대기 시간이 완료될 때마다 0.01초씩 생성 시간을 줄일 수 있습니다.

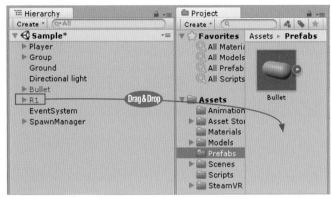

적 캐릭터 Prefab화

R1을 Prefabs 폴더에 끌어다 놓고 Prefab화합니다.

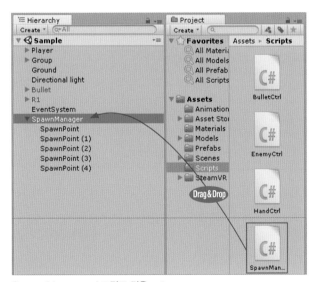

SpawnManager 스크립트 적용 – 1

SpawnManager 스크립트를 SpanwManager 오브젝트에 끌어다 놓습니다.

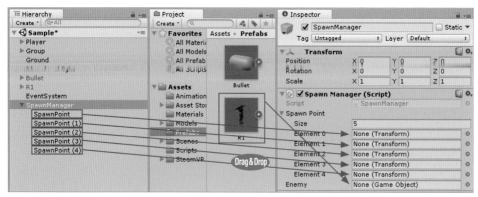

SpawnManager 스크립트 적용 – 2

SpawnManager 오브젝트의 **SpawnPoint** 스크립트를 각각 다른 SpawnPoint 오브젝트에 끌어다 놓고, 맨 아래에 있는 Enemy에 **Prefabs** 폴더의 **R1**을 끌어다 놓습니다.

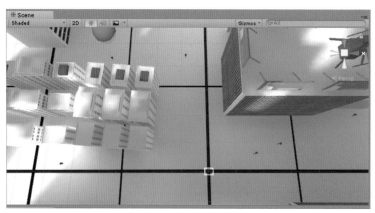

적 생성 테스트

기능 구현을 완료했으니 테스트를 하여 Scene 뷰에서 각 SpawnPoint를 확인하여 적 캐릭터가 잘 생성하는지 확인합니다.

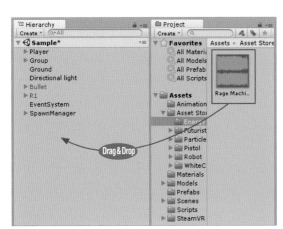
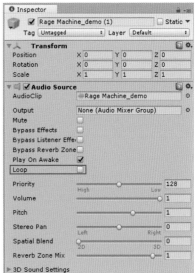

배경음악 추가

마지막으로 배경음악을 추가하겠습니다. **Assets 〉 Asset Store 〉 Energy Hard Rock Pack DEMO** 폴더의 **Rage Machine_demo**를 Hierarchy 뷰에 끌어다 놓습니다. 그다음 생성된 배경음악 오브젝트를 선택하고 **Loop**에 체크합니다.

4.3 어드벤처 게임 〈룸 이스케이프〉

호러나 방 탈출 게임은 VR로 많이 만들어지는 장르입니다. VR이 게임의 몰입감을 높이는 데 적합하기 때문입니다. 이번에는 VIVE 컨트롤러 상호작용을 통해 사물을 조사하고 스위치를 조작하여 문을 열면 괴물이 나타나는 간단한 게임을 개발하겠습니다.

4.3.1 게임 소개

게임 시작 화면

게임을 시작하면 병실 같은 느낌의 방에서 시작합니다.

오브젝트 조사 – 1

조사할 수 있는 오브젝트에 컨트롤러를 가까이하면 "조사하기(Trigger)" 문구가 나옵니다. 트리커 버튼을 클릭하면 아무것도 없는 오브젝트라서 "아무것도 없다."라는 문구를 띄웁니다.

오브젝트 조사 – 2

방에 총 네 가지 상호작용이 가능한 오브젝트가 있고 그중 두 개는 스위치와 문입니다. 스위치를 작동시키면 문을 열 수 있고, 문을 열면 괴물이 서 있고 더 할 수 있는 것은 없습니다.

4.3.2 게임에서 사용할 에셋 설치

배경과 오브젝트용 에셋

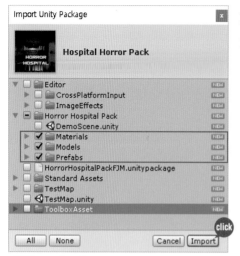

Hospital Horror Pack 폴더의 Materials, Models, Prefabs 폴더만 **Import**합니다.

사용할 오브젝트 임포트

적 캐릭터 에셋

적 캐릭터 에셋은 전체 임포트합니다. 임포트한 에셋은 모두 Asset Store 폴더에 끌어다 놓습니다.

그다음 SteamVR Plugin을 설치, 임포트하고 Scenes, Scripts 폴더를 추가합니다.

폴더 추가

4.3.3 Scene 디자인

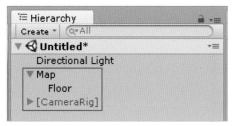

맵과 바닥 생성

Main Camera를 지우고 Assets 〉 SteamVR 〉 Prefabs 폴더의 **[CameraRig]**를 Hierarchy 뷰에 끌어다 놓습니다.

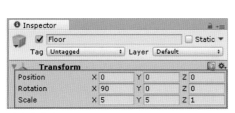

바닥의 상태

Floor의 Rotation은 (90, 0, 0), Scale은 (5, 5, 1)로 변경합니다. Scene 뷰를 확인해봅니다.

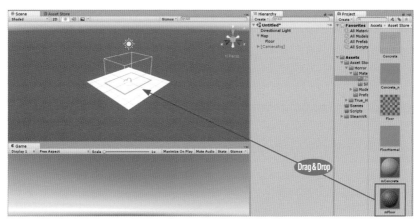

Floor Material 적용

Asset Store 〉 Horror Hospital Pack 〉 Materials 〉 Floor 폴더의 **mFloor**를 Scene 뷰의 Floor에 끌어다 놓습니다.

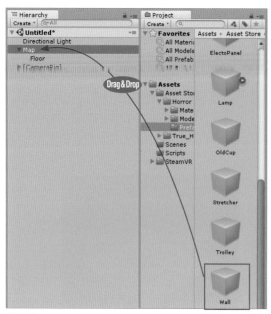

벽 추가

Asset Store 〉 Horror Hospital Pack 〉 Prefabs 폴더의 Wall을 Map에 끌어다 놓습니다. 다음으로 Wall을 복사, 붙여넣기하여 총 3개로 만듭니다.

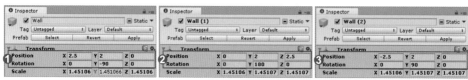

벽의 상태

각 벽의 Inspector 뷰에서 Position과 Rotation을 그림과 같이 설정합니다.

❶ **Wall**: Position은 (2.3, 2, 0), Rotation은 (0, −90, 0)

❷ **Wall**(1): Position은 (0, 2, 2.5), Rotation은 (0, 180, 0)

❸ **Wall**(2): Position은 (−2.5, 2, 0), Rotation은 (0, 90, 0)

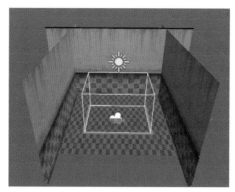

벽 설정 완료

설정이 완료되고 Scene 뷰를 확인하면 그림과 같이 배치됩니다.

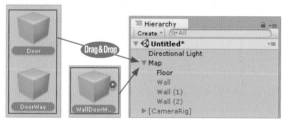

문 달린 벽 추가

Asset Store 〉 Horror Hospital Pack 〉 Prefabs 폴더의 **Door, DoorWay, WallDoor Way** 를 Ctrl 을 누른 상태로 모두 선택합니다. 그다음 Map에 끌어다 놓습니다.

문 달린 벽 배치

추가된 벽을 직접 조작하여 문이 가운데쯤 오게 조작합니다.

천장 추가

Floor를 복사하여 이름을 Celling로 변경하고 Position을 (0, 4, 0), Rotation을 (−90, 0, 0) 으로 설정합니다.

천장 Material 설정

Asset Store 〉 Horror Hospital Pack 〉 Materials 〉 Sil 폴더의 Sil을 Scene 뷰의 Celling에 끌어다 놓습니다.

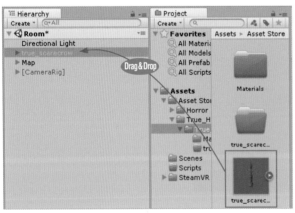

문 바깥 쪽 적 캐릭터 추가

Asset Store 〉 True_Horror 〉 True_Scarecrow 폴더의 true_ scarecrow를 Hierarchy 뷰에 끌어다 놓습니다.

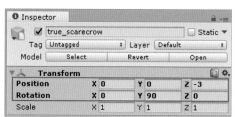

적 캐릭터 설정

적 캐릭터의 Position을 (0, 0, −3), Rotation을 (0, 90, 0)으로 설정하여 문 바깥 쪽 앞에 서 있게 합니다.

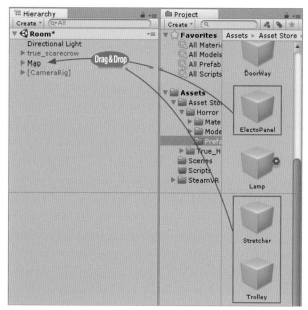

상호작용 오브젝트 배치

Asset Store 〉 Horror Hospital Pack 〉 Prefabs 폴더의 ElectoPanel, Stretcher, Trolley 를 Map에 끌어다 놓습니다.

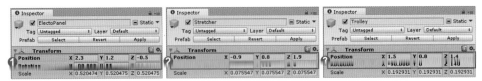

상호작용 오브젝트 설정

① **ElectroPanel**: Position은 (2.3, 1.2, −0.5), Rotation은 (−90, 90, 90)

② **Seretcher**: Position은 (−0.9, 0.8, 1.9), Rotation은 (0, 180, 0)

③ **Trolley**: Position은 (1.5, 0.8, 1.4), Rotation은 (−90, 0, 140)

Scene 디자인 완료

그림과 같이 Scene 디자인이 완료되었습니다. 바이브를 연결하여 직접 테스트하여 방을 구경해봅니다.

4.3.4 UI와 Trigger 입력 구현

4.2.4절 '바이브 컨트롤러 모델 추가'에서 사용한 두 방법 중 한 가지를 활용하여 [CameraRig]의 Controller(left), Controller(right)에 각각 컨트롤러 모델을 적용시키고 개발해보겠습니다.

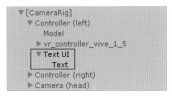

Text UI 생성

Hierarchy 뷰에 우클릭 후 **UI 〉Text**를 추가합니다. 그다음 **[CameraRig] 〉Controller (left)** 에 끌어다 놓은 후 Canvas의 이름을 Text UI로 설정합니다.

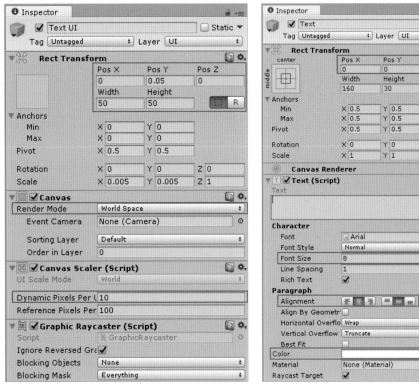

Text UI 설정

Text UI의 Render Mode를 **World Space**로 변경하고 Rect Transform의 Pos Y를 0.05, Width와 Height를 50으로 설정하고 Canvas Scaler의 **Dynamic Pixels Per Unit**을 10으로 변경합니다.

Text의 Pos X, Y, Z를 (0, 0, 0)으로 변경, Font Size, Alignment, Color를 그림과 같이 설정합니다.

Text UI 설정 테스트

Text UI 〉 Text의 Text 내용에 아무 단어나 넣어 Scene 뷰에서 글자가 잘 나오는지 확인합니다. 확인이 완료되었으면 Text의 내용을 지웁니다.

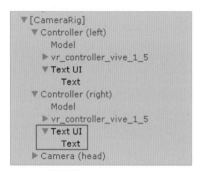

Text UI 설정 완료

Controller(left)의 Text UI를 Controller(right)에 복사하여 붙여넣기를 합니다.

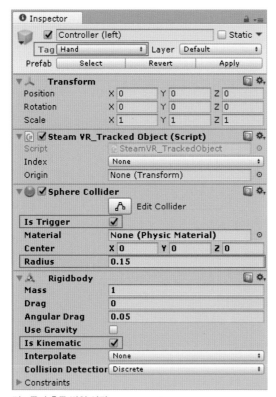

컨트롤러 충돌 범위 설정

각 컨트롤러 오브젝트에 Hand Tag를 추가하여 적용하고 Sphere Collider과 Rigibody를 추가합니다. Sphere Collider는 Is Trigger를 체크하여 트리거화해주고, Radius는 0.15로 설정합니다. Rigibody는 Use Gravity 체크를 해제하고 Is Kinematic을 체크합니다. 그럼 강체의 물리 작용은 하지 않고 강체로 사용하여 충돌 체크를 할 수 있게 됩니다.

이제 HandCtrl 스크립트를 생성하여 Trigger 입력을 구현해보겠습니다.

예제 **HandCtrl.cs** 바이브 컨트롤러 **Trigger** 기능 전체 소스 코드

```
using System.Collections;
using System.Collections.Generic;
using UnityEngine;
using UnityEngine.UI;

public class HandCtrl : MonoBehaviour {

    public bool isTrigger;
    // 트리거 입력 상태를 확인하는 변수
    public Text TextUI;
    // TextUI의 Text를 저장하기 위한 변수
    private SteamVR_TrackedObject controller;
    // 바이브 컨트롤러 정보를 가진 스크립트를 변수
    private SteamVR_Controller.Device device;
    // 바이브 컨트롤러 정보를 가지고 조작을 담당하는 스크립트 변수

    // Use this for initialization
    void Start () {
        controller = GetComponent<SteamVR_TrackedObject>();
        // 바이브 컨트롤러 정보를 가진 스크립트를 controller에 저장
        isTrigger = false;
        // 트리거는 처음에 입력되어 있지 않으므로 false
    }

    // Update is called once per frame
    void Update () {
        device = SteamVR_Controller.Input((int)controller.index);
        // 바이브 컨트롤러의 디바이스 입력 정보를 실시간으로 device에 저장
        if (device.GetPressDown(SteamVR_Controller.ButtonMask.Trigger))
        // 바이브 컨트롤러의 Trigger 버튼이 클릭됐을 때
        {
            isTrigger = true;
            // 트리거 입력을 true
        }
        else
        // 아닐 경우
        {
            isTrigger = false;
            // 트리거 입력을 false
```

```
        }
    }

    // TextUI의 Text를 변경하는 함수
    public void SetText(string text)
    {
        TextUI.text = text;
        // TextUI의 text를 받아온 text로 변경
    }
}
```

```
public bool isTrigger;
// 트리거 입력 상태를 확인하는 변수
```

이번 코드에서는 isTrigger 변수를 확인하여 입력의 상태를 결정합니다.

```
if (device.GetPressDown(SteamVR_Controller.ButtonMask.Trigger))
// 바이브 컨트롤러의 Trigger 버튼이 클릭됐을 때
{
    isTrigger = true;
    // 트리거 입력을 true
}
else
// 아닐 경우
{
    isTrigger = false;
    // 트리거 입력을 false
}
```

Trigger 입력이 된 순간에만 isTrigger를 true로 변경하고 그 상태를 다른 상호작용 오브젝트에서 입력을 확인합니다.

```
// TextUI의 Text를 변경하는 함수
public void SetText(string text)
{
    TextUI.text = text;
    // TextUI의 text를 받아온 text로 변경
}
```

상호작용 상태 또는 입력에 따라 그 오브젝트에서 컨트롤러가 가진 SetText 기능에 text를 지정하여 TextUI를 변경시키는 것으로 이벤트 진행을 확인합니다.

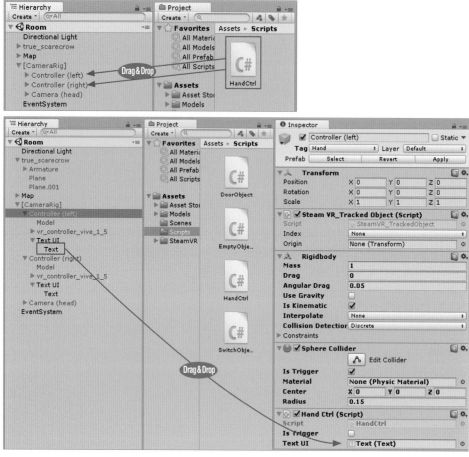

HandCtrl 스크립트 적용

각 컨트롤러에 스크립트를 적용합니다.

다음 각 **Controller(left), Controller(right) ⟩ Text UI ⟩ Text**를 HandCtrl 스크립트의 Text UI에 끌어다 놓습니다.

당장 상호작용 오브젝트가 없기 때문에 테스트를 진행하지 않고 다음 단계를 진행합니다.

4.3.5 아무것도 없는 상호작용 오브젝트 구현

EmptyObject 스크립트를 작성하여 컨트롤러의 Text UI의 Text를 오브젝트의 충돌과 트리거 입력 상태에 따라 "조사하기(Trigger)", "아무것도 없다." 텍스트를 띄우게 하고 충돌이 종료되면 텍스트를 지우는 기능을 만들겠습니다.

예제 HandCtrl.cs 아무것도 없는 상호작용 오브젝트 전체 소스 코드

```
using System.Collections;
using System.Collections.Generic;
using UnityEngine;

public class EmptyObject : MonoBehaviour {

    private HandCtrl playerHand;
    // 플레이어의 HandCtrl 스크립트를 저장하기 위한 변수

    // 트리거와 충돌했을 때
    void OnTriggerEnter(Collider coll)
    {
        if (coll.CompareTag("Hand"))
        // 충돌한 콜라이더의 Tag가 Hand일 때
        {
            playerHand = coll.gameObject.GetComponent<HandCtrl>();
            // playerHand에 충돌한 콜라이더의 게임오브젝트에서
            // HandCtrl을 가져와 저장한다.
            playerHand.SetText("조사하기\n(Trigger)");
            // playerHand의 SetText 함수로
            // TextUI의 Text를 "조사하기\n(Trigger)"로 변경한다.
        }
    }

    // 트리거와 충돌 중인 상태
    void OnTriggerStay(Collider coll)
    {
        if(coll.CompareTag("Hand"))
        // 충돌한 콜라이더의 Tag가 Hand일 때
        {
            if(playerHand.isTrigger == true)
            // Trigger 입력이 true인 경우
            {
                playerHand.SetText("아무것도 없다.");
```

```
                    // playerHand의 SetText 함수로 TextUI의 Text를
                    // "아무것도 없다"로 변경한다.
                }
            }
        }

        // 트리거와 충돌이 끝날 때
        void OnTriggerExit(Collider coll)
        {
            if (coll.CompareTag("Hand"))
            // 충돌한 콜라이더의 Tag가 Hand일 때
            {
                playerHand.SetText(" ");
                // playerHand의 SetText 함수로 TextUI의 Text를 " "로 변경한다.
                playerHand = null;
                // playerHand 변수에 아무것도 없게 한다.
            }
        }
    }
```

HandCtrl 스크립트를 저장하는 변수를 만들고 플레이어의 컨트롤러가 트리거화된 오브젝트이기 때문에 EmptyObject 스크립트를 가진 오브젝트에 충돌했을 때 플레이어의 컨트롤러의 HandCtrl 스크립트를 playerHand에 저장합니다. 다음 컨트롤러의 UI에 "조사하기(Trigger)"라는 문구를 띄웁니다.

충돌이 지속되는 중 Trigger 입력이 들어오면 오브젝트를 조사하는 것으로 하고 현재 스크립트를 가진 오브젝트는 아무것도 가지지 않은 오브젝트이기 때문에 "아무것도 없다." 라는 문구를 띄웁니다.

충돌이 끝날 때 Text UI에 아무 문구도 나오지 않게 하고 playerHand에 저장된 내용이 없도록 null을 줍니다. null은 아무것도 없음을 나타냅니다.

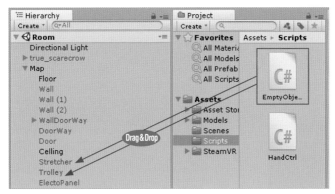

EmptyObject 스크립트 적용

EmptyObject 스크립트를 Stretcher과 Trolley에 끌어다 놓습니다.

EmptyObject 스크립트 테스트

바이브를 연결하고 직접 플레이하여 테스트해봅니다. 방이 좁아서 원활한 테스트가 불가능한 경우 [CameraRig]의 Position을 조작하여 상호작용 오브젝트에 가깝게 한 후 테스트를 진행합니다.

4.3.6 스위치와 문의 상호작용 구현

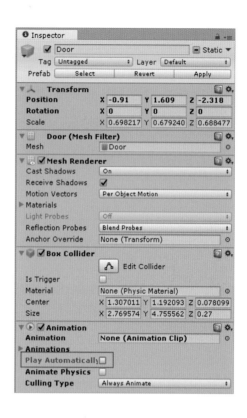

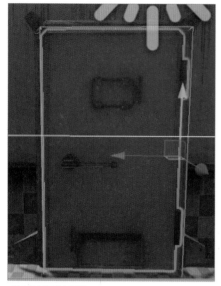

문 애니메이션 적용 – 1

Map의 Door 오브젝트를 선택하고 [**Add Component**]를 클릭해 Animation을 추가합니다. Animation의 Play Automatically를 체크를 해제하여 애니메이션의 자동 재생을 막습니다.

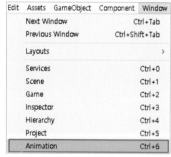

문 애니메이션 적용 – 2

Window 〉Animation 탭을 띄웁니다. Door 오브젝트를 선택한 상태로 [Create]를 클릭하여 Assets에 DoorOpen이라는 이름으로 저장합니다.

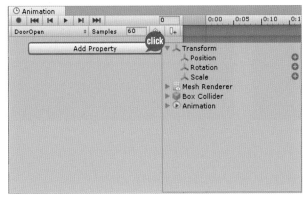

문 애니메이션 적용 – 3

[Add Property]를 누르고 Rotation을 추가합니다.

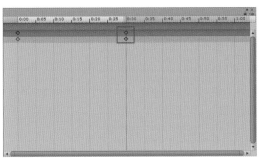
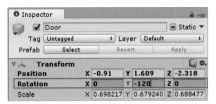

문 애니메이션 적용 – 4

타임라인에서 1:00 위치에 있는 키를 0:30에 끌어다 옮긴 후에는 클릭된 상태에서 Door의 Inspector 뷰의 Rotation 부분이 빨강으로 칠해져 있습니다. Rotation Y를 −120으로 설정 합니다. 그럼 0:00의 키는 Rotation Y의 값이 0이기에 닫힌 상태이고 다음 키에는 열린 상태 가 됩니다.

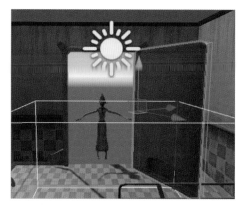

문 애니메이션 적용 확인

Animation 탭의 재생(![]) 버튼을 클릭하면 방금 만든 애니메이션을 확인할 수 있습니다.

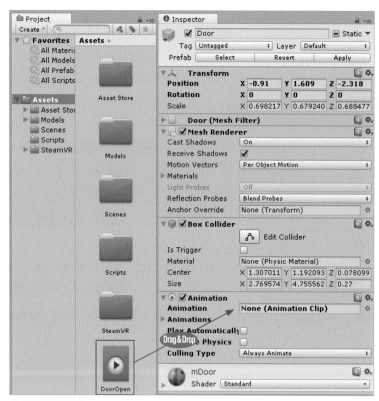

문 애니메이션 등록

DoorOpen 애니메이션을 Door 오브젝트 안에 있는 Animation 컴포넌트의 Animation 뷰에 끌어다 놓습니다.

애니메이션을 완성했으니 DoorObject 스크립트와 SwitchObject 스크립트를 생성하여 처음에 문은 잠겨 있고 스위치를 조작한 후 문을 열 수 있는 상호작용 기능을 구현하겠습니다.

예제 **DoorObject.cs** 상태에 따라 문을 열 수 있는 문 오브젝트 전체 소스 코드

```
using System.Collections;
using System.Collections.Generic;
using UnityEngine;

public class DoorObject : MonoBehaviour {

    public bool DoorSwitch;
    // 문의 열고 닫힌 상태를 저장하는 변수
    private HandCtrl playerHand;
    // 플레이어의 HandCtrl 스크립트를 저장하기 위한 변수
    private Animation DoorAni;
    // 문의 애니메이션을 조작하기 위한 변수

    // Use this for initialization
    void Start () {
        DoorAni = GetComponent<Animation>();
        // 현재 오브젝트의 Animation 컴포넌트를 저장
        DoorSwitch = false;
        // 문의 스위치는 시작 시 false 상태
    }

    // 트리거와 충돌했을 때
    void OnTriggerEnter(Collider coll)
    {
        if (coll.CompareTag("Hand"))
        // 충돌한 콜라이더의 Tag가 Hand일 때
        {
            playerHand = coll.gameObject.GetComponent<HandCtrl>();
            // playerHand에 충돌한 콜라이더의 게임오브젝트에서
            // HandCtrl을 가져와 저장한다.
            playerHand.SetText("조사하기\n(Trigger)");
            // playerHand의 SetText 함수로
            // TextUI의 Text를 "조사하기\n(Trigger)"로 변경한다.
        }
    }
```

```
// 트리거와 충돌 중인 상태
void OnTriggerStay(Collider coll)
{
    if (coll.CompareTag("Hand"))
    // 충돌한 콜라이더의 Tag가 Hand일 때
    {
        if (playerHand.isTrigger == true)
        // Trigger 입력이 true인 경우
        {
            if (DoorSwitch == true)
            // DoorSwitch의 상태가 true인 겨우
            {
                DoorAni.Play();
                // 문 여는 애니메이션을 재생
            }
            else
            // 아닐 경우
            {
                playerHand.SetText("문이 잠겨 있다.");
                // playerHand의 SetText 함수로
                // TextUI의 Text를 "문이 잠겨 있다."로 변경한다.
            }
        }
    }
}

// 트리거와 충돌이 끝날 때
void OnTriggerExit(Collider coll)
{
    if (coll.CompareTag("Hand"))
    // 충돌한 콜라이더의 Tag가 Hand일 때
    {
        playerHand.SetText(" ");
        // playerHand의 SetText 함수로 TextUI의 Text를 " "로 변경한다.
        playerHand = null;
        // playerHand 변수에 아무것도 없게 한다.
    }
}
```

기본적인 동작은 EmptyObject 스크립트와 동일하지만 DoorSwitch 변수를 이용해 Trigger 입력을 받으면 그 상태에 따라 문이 잠겨 있다는 문구를 띄우거나 문을 여는 애니메이션을 재생합니다.

```csharp
using System.Collections;
using System.Collections.Generic;
using UnityEngine;

public class SwitchObject : MonoBehaviour {

    public DoorObject Door;
    // 문 오브젝트의 DoorObject 스크립트를 저장하는 변수
    private HandCtrl playerHand;
    // 플레이어의 HandCtrl 스크립트를 저장하기 위한 변수

    // 트리거와 충돌했을 때
    void OnTriggerEnter(Collider coll)
    {
        if (coll.CompareTag("Hand"))
        // 충돌한 콜라이더의 Tag가 Hand일 때
        {
            playerHand = coll.gameObject.GetComponent<HandCtrl>();
            // playerHand에 충돌한 콜라이더의 게임오브젝트에서
            // HandCtrl을 가져와 저장한다.
            playerHand.SetText("조사하기\n(Trigger)");
            // playerHand의 SetText 함수로
            // TextUI의 Text를 "조사하기\n(Trigger)"로 변경한다.
        }
    }

    // 트리거와 충돌 중인 상태
    void OnTriggerStay(Collider coll)
    {
        if (coll.CompareTag("Hand"))
        // 충돌한 콜라이더의 Tag가 Hand일 때
        {
            if (playerHand.isTrigger == true)
            // Trigger 입력이 true인 경우
            {
                playerHand.SetText("스위치가 작동했다.");
                // playerHand의 SetText 함수로
                // TextUI의 Text를 "스위치가 작동했다."로 변경한다.
                Door.DoorSwitch = true;
                // 문 오브젝트의 DoorSwitch 변수를 true로 변경한다.
            }
        }
    }
```

```
    // 트리거와 충돌이 끝날 때
    void OnTriggerExit(Collider coll)
    {
        if (coll.CompareTag("Hand"))
        // 충돌한 콜라이더의 Tag가 Hand일 때
        {
            playerHand.SetText(" ");
            // playerHand의 SetText 함수로 TextUI의 Text를 " "로 변경한다.
            playerHand = null;
            // playerHand 변수에 아무것도 없게 한다.
        }
    }
}
```

위 스크립트 역시 EmptyObject 스크립트와 동일한 동작을 하지만 Trigger 입력을 받으면
Door 오브젝트의 DoorSwitch를 true로 만들어주는 역할을 합니다.

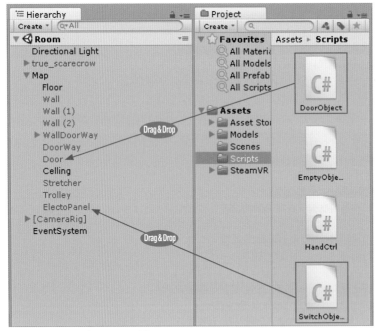

문과 스위치 상호작용 스크립트 적용 - 1

DoorObject 스크립트는 Door에 끌어다 놓고, **SwitchObject** 스크립트를 ElectoPanel에
끌어다 놓습니다.

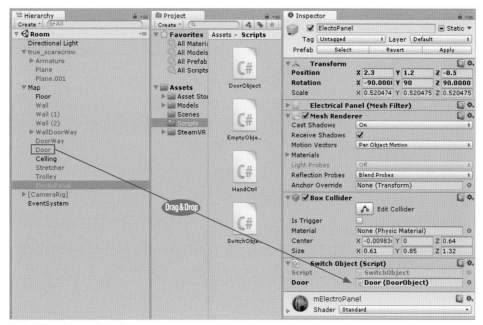

문과 스위치 상호작용 스크립트 적용 – 2

ElectoPanel의 **SwitchObject** 스크립트의 **Door**를 Map의 Door 오브젝트에 끌어다 놓습니다.

문 조작 테스트

이제 직접 방을 돌아다니거나 방이 좁다면 [CameraRig]의 Position 값을 조작하여 테스트해
봅니다.

4.5 마치며

- HTC VIVE 개발 환경을 구축하고 간단한 게임 두 가지를 만들어보았습니다.

- VIVE 컨트롤러 모델을 적용해보았습니다.

- VIVE 컨트롤러의 Trigger 입력을 구현해보았습니다.

- 내비게이션을 이용해 플레이어를 추적하는 기능을 구현해보았습니다.

- 플레이어와 가까워치면 3초에 한 번씩 공격하는 적 행동 패턴을 구현해보았습니다.

- 애니메이션을 활용한 대미지 이펙트를 구현해보았습니다.

- Trigger화된 콜라이더를 이용하여 상호작용 오브젝트들을 구현해보았습니다.

TIP HTC VIVE 개발에 대해 더 많은 기능 구현을 알아보고 싶다면 VRTK 에셋을 설치하고 유튜브에서 제공하는 영상과 함께 자료를 참조합니다.

VR Toolkit 에셋

부록

부록에서는 앞서 다루지 못했던 기어 VR의 새로운 컨트롤러의 조작 구현을 간단히 다뤄보고, 유니티 엔진 개발에 도움이 되는 도구와 VR 개발을 할 수 있는 Vuforia SDK의 간단한 소개를 합니다.

A.1 New Gear VR Controller 조작 구현

New 기어 VR (2017) with Controller
(이미지 출처 : http://www.samsung.com/sec/wearables/gear-vr-sm-r324/)

2017년 삼성 갤럭시S8과 함께 New Gear VR with Controller가 출시되었습니다. 출시 당시에는 기어 VR과 묶음으로 판매하다 별도 판매를 시작하여 기존에 가지고 있는 기어 VR과도 함께 사용할 수 있습니다. 블루투스 통신 방식이고 여기서는 컨트롤러 조작 구현만 진행하겠습니다.

New Gear VR Controller 게임 개발이 아닌 조작 구현을 부록으로 수록한 것은 이 책에서 사용하는 유니티 버전과 다른 Unity 5.5.2p3 이상 버전을 사용해야 하고 단품 발매가 늦었기 때문에 조작을 구현하는 내용만 진행합니다.

먼저 사용하는 유니티 버전을 5.5.2p3 이상의 버전으로 업그레이드하거나 또는 다른 드라이브에 설치합니다.

A.1.1 컨트롤러의 기본 조작

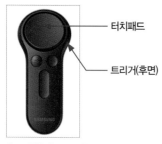

— 터치패드

— 트리거(후면)

GearVR Controller
(이미지 출처 : http://www.samsung.com/sec/wearables/gear-vr-sm-r324/)

터치패드는 기존의 기어 VR처럼 터치 기능과 클릭 기능이 함께 사용됩니다. 클릭하면 방향키처럼 벡터 값을 가져올 수 있습니다. 또한 컨트롤러 내부의 자이로센서로 방향을 조작할 수 있습니다.

A.1.2 조작 구현

먼저 3.1절 'Oculus Mobile 개발 환경 구축'을 진행합니다. 프로젝트 이름은 GearVR Controller로 하겠습니다.

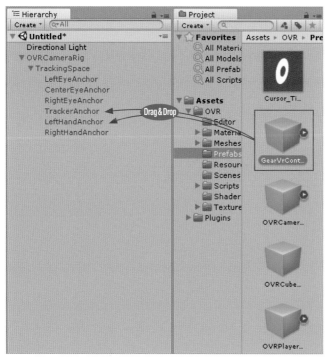

컨트롤러 프리팹 넣기

다음 **OVRCameraRig > TrackingSpace**의 LeftHandAnchor와 RightHandAnchor 안에 **GearVRController**를 끌어다 놓습니다. 기어 VR 컨트롤러 연결 시 설정에 오른손 또는 왼손 설정이 있기 때문에 두 군데에 끌어다 놓는 것이고, 그 설정에 따라 둘 중 하나가 활성화됩니다.

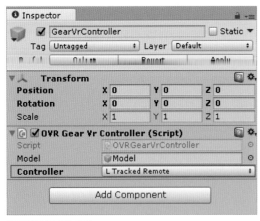

컨트롤러 프리팹 설정

각 컨트롤러 오브젝트를 클릭한 후 Inspector 뷰에서 Controller 항목을 None에서, Left
의 컨트롤러 오브젝트는 **L Tracked Remote**로 Right의 컨트롤러 오브젝트는 **R Tracked
Remote**로 바꿔줍니다.

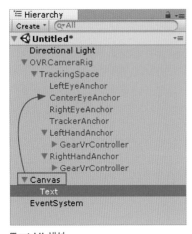

Text UI 생성

Hierarchy 뷰 여백에 우클릭 후, **UI 〉 Text**를 클릭하여 Text UI를 생성합니다. 다음 **Canvas**
를 CenterEyeAnchor에 끌어다 놓습니다.

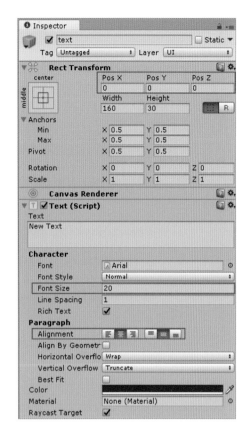

Text UI 설정

Canvas의 이름을 Text UI로 변경 후 Render Mode를 World Space로 변경하고 Rect Transform, Scale을 그림과 같이 설정합니다. 다음 Text의 Rect Transform, Font Size, Alignment를 그림과 같이 설정합니다.

스크립트를 생성하여 input으로 텍스트를 변경하는 동작을 구현합니다.

Assets 폴더에 ControllerInput 스크립트를 생성합니다.

예제 ControllerInput 전체 소스 코드

```
using System.Collections;
using System.Collections.Generic;
using UnityEngine;
using UnityEngine.UI;
```

```
public class ControllerInput : MonoBehaviour {

    //화면에 띄울 텍스트
    public Text InputText;

    void Update()
    {
        //트리거를 당겼을 경우
        if (OVRInput.GetDown(OVRInput.Button.PrimaryIndexTrigger))
        {
            InputText.text = "Trigger";
        }
        //터치패드를 클릭했을 경우
        if (OVRInput.GetDown(OVRInput.Button.PrimaryTouchpad))
        {
            Vector2 InputPoint = OVRInput.Get(OVRInput.Axis2D.PrimaryTouchpad);
            //클릭된 위치의 벡터 값을 가져와 텍스트로 변환
            InputText.text = InputPoint.ToString();
        }
    }
}
```

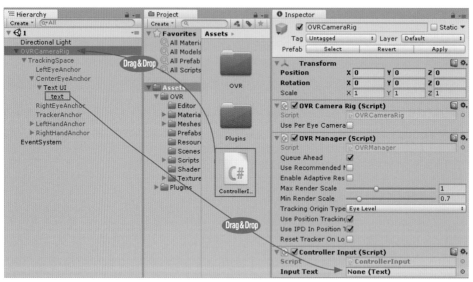

Controller Input 스크립트 적용

기어 VR 컨트롤러의 입력에 따라 헤드셋 앞에 있는 Text UI의 문구를 변경하는 기능입니다. 작성한 **ControllerInput** 스크립트를 OVRCameraRig에 끌어다 놓습니다. 그다음 **text**를 스크립트의 Input Text에 끌어다 놓습니다.

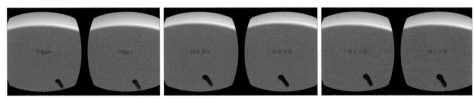

빌드 후 테스트

빌드 후 테스트를 진행합니다. 설정한 손의 방향 아래에 보면 컨트롤러가 보입니다. Trigger 입력일 경우 "Trigger"를 터치패드의 클릭일 경우 터치패드의 좌표를 출력합니다. 기어 VR 컨트롤러를 이용한 게임 개발 시 직접 좌표에 따라 상, 하, 좌, 우를 나누어 입력을 주는 방법을 사용하여 개발하면 됩니다.

A.2 협업을 위한 Unity Collaborate

프로젝트 협업을 위해 보통 Github, SVN, Perforce 등 많은 도구들을 사용합니다. 하지만 유니티에서는 자체적으로 협업을 위한 도구인 Unity Collaborate가 제공되고 있습니다.

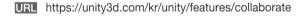 URL https://unity3d.com/kr/unity/features/collaborate

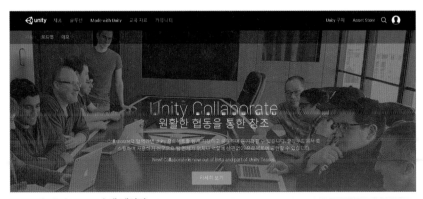

Unity Collaborate 소개 페이지

위 페이지를 가면 소개를 볼 수 있습니다. 2017년 10월 5일까지 프로모션 기간으로 무료로 사용할 수 있었는데, 이후에는 유니티 라이선스에 따라 다양한 변화가 있을 예정입니다. 간단하게 사용법을 알아보고 있습니다.

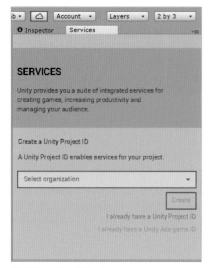

유니티 엔진 왼쪽 위 구름아이콘을 누르면 Services 창이 나옵니다. Select organization에 자신의 유니티 계정을 선택한 후 [Create]를 눌러줍니다.

Collaborate 설정 – 1

Collaborate 설정 – 2

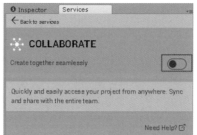

그다음 **Collaborate**로 들어가서 활성화합니다.

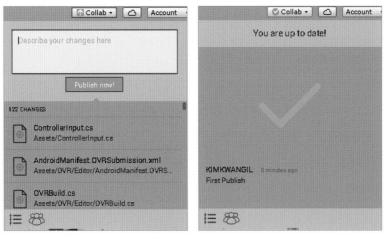

Collaborate 업로드

구름 아이콘 옆의 [Collab]를 누르고 **Describe your changes here**에 업로드하는 내용을 입력하고 [**Publish now!**] 버튼을 클릭합니다. 오른쪽 그림처럼 되면 업로드가 완료된 것입니다. 프로젝트의 수정 내용이 생기면 다시 Collab의 아이콘이 파란색(⬆)으로 바뀝니다.

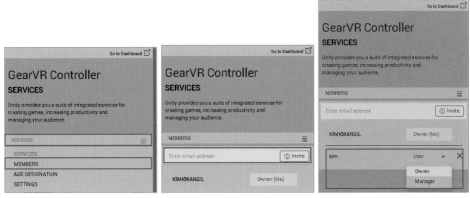

협업 멤버 추가

Services 창에서 **SERVICES**를 눌러 **MEMBERS**를 선택합니다. 멤버로 추가할 대상의 이메일을 빈칸에 입력 후 [Invite]를 누르면 멤버로 추가됩니다. 추가된 멤버의 권한을 설정할 수 있습니다.

User는 프로젝트의 수정 권한은 가지고 있지 않고 테스트 플레이만 할 수 있습니다. **Manager**
는 프로젝트의 대부분을 수정할 수 있는 권한을 가지고 있습니다. **Owner**는 모든 권한을 가지
고 프로젝트를 수정할 수 있습니다.

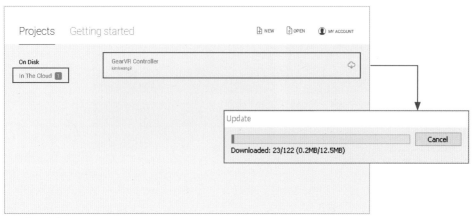

프로젝트 설치

초대받은 멤버는 유니티 엔진을 시작하면 In The Cloud 창에 초대된 프로젝트가 있습니다.
클릭하고 경로를 지정하면 엔진이 켜지고 프로젝트를 설치합니다.

Collaborate 업데이트

다른 멤버가 프로젝트를 수정하고 업로드하면 Collab의 아이콘이 주황색(🔽)으로 바뀝니다. 업데이트할 내용이 있다는 알림이고 **Collab**을 눌러 [**Update now!**]를 누르면 변경사항을 업데이트합니다.

A.3 AR 개발을 위한 Vuforia SDK

VR과 함께 〈포켓몬 Go〉를 시작으로 AR 산업 역시 많은 인기를 얻고 있습니다. AR 개발을 쉽게 시작할 수 있는 유니티용 Vuforia SDK의 설치와 사용법을 알아보겠습니다.

URL https://developer.vuforia.com/

Vuforia 홈페이지

Vuforia 개발자 페이지로 이동합니다. **Register**를 눌러 회원가입을 진행합니다.

Vuforia 회원가입

순차적으로 입력하고 회원가입 완료 후 이메일 인증을 진행합니다.

Unity용 Vuforia SDK 설치

로그인 후 **Downloads**의 **Download for Unity**를 눌러 Vuforia SDK를 다운받습니다.

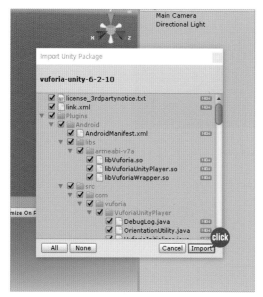

Vuforia SDK 임포트

새로운 프로젝트를 생성하여 다운받은 Vuforia SDK를 실행하고 [Import]합니다.

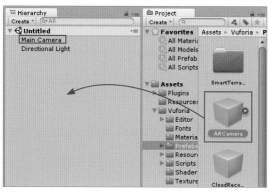

AR 카메라 적용

Main Camera를 지우고 **Vuforia > Prefabs**의 **ARCamera**를 Hierarchy 뷰에 끌어다 놓습니다.

이제 Vuforia SDK에서 제공하는 AR 카메라가 적용되었습니다. 테스트를 하기 위해서는 프로젝트당 라이선스 키를 생성해야 합니다.

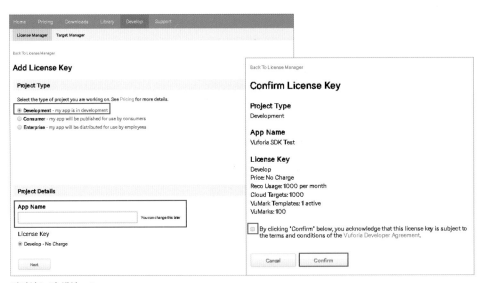

라이선스 키 생성 – 1

Vuforia 개발자 페이지에서 Pricing 메뉴를 누른 후 [Get License Key]를 누릅니다.

라이선스 키 생성 – 1

Project Type은 Development 설정 그대로 두고 App Name에 현재 프로젝트의 이름을 넣고 계속 진행합니다.

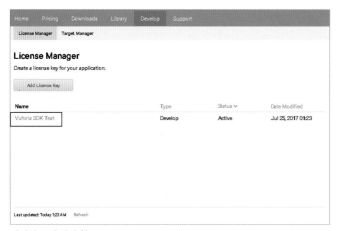

라이선스 키 생성 완료

라이선스 키가 생성되었습니다. 바로 적용하겠습니다. 프로젝트를 클릭합니다.

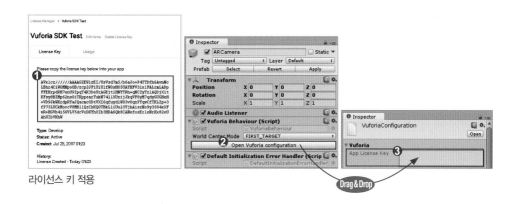

라이선스 키 적용

❶ License Key의 긴 문자가 있습니다. 복사하고 유니티 엔진으로 돌아갑니다.

❷ ARCamera의 [Open Vuforia configuration]을 누른 후 App License Key에 끌어다 놓습니다.

❸ 다음 외장 웹캠 또는 노트북 내장 웹캠이 있다면 PC에서 재생 버튼을 누르면 캠이 작동하면서 PC 환경에서 테스트할 수 있습니다

프로젝트에 마커 데이터를 추가하여 카메라가 이미지를 인식하면 큐브를 띄우는 기능을 만들어보겠습니다.

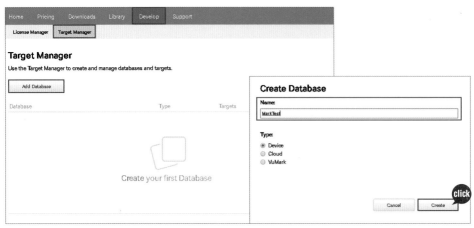

Target Manager 데이터베이스 생성

Vuforia 개발자 페이지로 가서 **Develop 〉 Target Manager**에서 [**Add Database**]를 누릅니다. 생성할 데이터베이스의 이름을 작성하고 [**Create**]를 누릅니다.

타깃 추가 – 1

다음 생성된 데이터베이스의 이름을 클릭한 후 [**Add Target**]을 누릅니다.

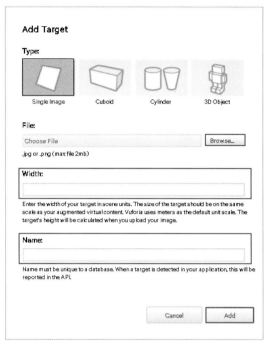

타깃 추가 – 2

Target의 Type는 Single Image로 File의 **[Browse...]**를 눌러 타깃으로 지정할 이미지 파일을 업로드합니다. 다음 Width에서 이미지의 폭을 입력하고 Name에 타깃의 이름을 입력하고 **[Add]**를 눌러 추가합니다.

데이터베이스 설치 – 1

타깃이 추가되었고 **[Download Database (All)]**은 눌러줍니다. 창이 나타나면 **Unity Editor**을 체크하고 **[Download]**를 눌러 설치합니다.

데이터베이스 설치 - 2

설치가 완료되면 유니티 엔진에서 바로 패키지 파일이 열립니다. 모두 [Import]합니다.

데이터베이스 적용 - 1

ARCamera에서 [Open Vuforia configuration]을 눌러 Datasets의 Load MarkTest
DataBase를 체크하고 그 후 나타난 Activate도 체크합니다.

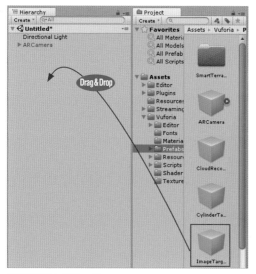

데이터베이스 적용 – 2

이제 이미지 타깃을 게임상에 추가하겠습니다. **Vuforia 〉 Prefabs** 폴더의 **ImageTarget**을 Hierarchy 뷰에 끌어다 놓습니다.

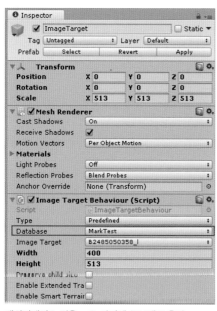

데이터베이스 적용 – 3, 마커에 오브젝트 추가

추가한 ImageTarget의 Image Target Behaviour 스크립트의 Database를 새로 추가한 데이터베이스로 변경합니다. 그 후 ImageTarget 오브젝트 아래에 **3D Object 〉 Cube**를 생성합니다.

스마트폰에 빌드 후 테스트

이제 PC 또는 스마트폰에 빌드 후 테스트합니다. 스마트폰에 빌드 후 테스트할 경우 왼쪽 아래에 Vuforia 워터마크가 표시됩니다.

A.4 마치며

- 새로운 기어 VR의 컨트롤러 조작 구현 방법에 대해 알아보았습니다.

- 유니티의 협업 도구인 Unity Collaborate에 대해 알아보았습니다.

- AR 개발을 위한 Vuforia SDK에 대해 알아보았습니다.

INDEX